O que as pessoas estão falando sobre *Digital Branding*

"No mundo acelerado das mídias digitais, todo profissional de marketing precisa de uma bíblia – e eu recomendo enfaticamente, sem medo de exagerar, o livro *Digital Branding*."

Gemma Butler – Associate Director of Marketing,
The Chartered Institute of Marketing

"Se você for apaixonado por entregar resultados por meio de canais digitais, o livro *Digital Branding* merece um espaço na sua mesa. Trata-se de um manual prático e estratégico. Definitivamente, recomendo."

Tim Ruthven – Head of Marketing Innovation,
Imperial College Business School

"O guia prático e definitivo do marketing digital."

Ciaran Rogers – Co-host,
The Digital Marketing Podcast

DIGITAL **BRANDING**

Tradução publicada mediante acordo com a Kogan Page.

Título original: *Digital Branding: A complete step-by-step guide to strategy, tactics, tools and measurement.*

EDITOR
Marcelo Amaral de Moraes

ASSISTENTE EDITORIAL
Luanna Luchesi Pinheiro
Vanessa Cristina da Silva Sá

CAPA
Diogo Droschi

REVISÃO TÉCNICA
Marcelo Amaral de Moraes

PREPARAÇÃO DE TEXTO
Vanessa Cristina da Silva Sá

REVISÃO
Luanna Luchesi Pinheiro

DIAGRAMAÇÃO
Guilherme Fagundes

Dados Internacionais de Catalogação na Publicação (CIP)
(Câmara Brasileira do Livro, SP, Brasil)

Rowles, Daniel

Digital Branding : Estratégias, táticas e ferramentas para impulsionar o seu negócio na era digital / Daniel Rowles ; tradução Afonso Celso da Cunha Serra. -- 1. ed. ; 3. reimp. -- São Paulo : Autêntica Business, 2022.

Título original: *Digital Branding: A complete step-by-step guide to strategy, tactics, tools and measurement.*

ISBN 978-85-513-0616-1

1. Marketing 2. Marketing digital 3.Branding 4. Digital Branding 5. Publicidade on-line I. Título.

19-30758 CDD-658.8

Índices para catálogo sistemático:
1. Branding digital : Administração marketing 658.8
Maria Alice Ferreira - Bibliotecária - CRB-8/7964

A **AUTÊNTICA BUSINESS** É UMA EDITORA DO **GRUPO AUTÊNTICA**

São Paulo
Av. Paulista, 2.073 . Conjunto Nacional
Horsa I . Sala 309 . Cerqueira César
01311-940 . São Paulo . SP
Tel.: (55 11) 3034 4468

Belo Horizonte
Rua Carlos Turner, 420
Silveira . 31140-520
Belo Horizonte . MG
Tel.: (55 31) 3465 4500

www.grupoautentica.com.br
SAC: atendimentoleitor@grupoautentica.com.br

DANIEL ROWLES

DIGITAL **BRANDING**

ESTRATÉGIAS, **TÁTICAS** E **FERRAMENTAS** PARA IMPULSIONAR O SEU **NEGÓCIO** NA **ERA DIGITAL**

3ª reimpressão

TRADUÇÃO Afonso Celso da Cunha Serra

autêntica
BUSINESS

Este livro é dedicado à minha esposa Susana,
"Sem dias de folga"; à minha filha Teresa, "Espera, o quê?"
e ao meu filho Charlie, "Olá, crianças!".
PS: Feliz 40 anos, Susana; isso supera uma bancada?

PARTE DOIS
KIT DIGITAL

PREFÁCIO

O ambiente corporativo está mudando rapidamente e o mundo acelerado das mídias digitais é um desafio real para organizações de todos os tipos. O que precisamos considerar ao construir e mensurar marcas é cada vez mais complexo. No Chartered Institute of Marketing (CIM), vemos reiteradamente que os praticantes e os estudiosos de negócios de qualquer tipo (eles se considerando profissionais de marketing ou não) precisam compreender melhor o panorama digital. Esse contexto está mudando com uma rapidez incrível e a nossa ideia de *branding* precisa adaptar-se em conformidade. O conhecimento do impacto estratégico e dos problemas táticos em torno do *digital branding* será cada vez mais importante, em especial à medida que as mídias sociais e as tecnologias móveis exercem impacto cada vez mais intenso.

Daniel trabalhou de forma muito ampla e profunda com o Chartered Institute of Marketing, ajudando nossos membros e clientes a desbravar seu percurso nesse contexto animador e dinâmico. Ele é uma autoridade respeitada em tudo que é digital e, nessas condições, é o mentor ideal para sua jornada digital.

Chris Daly – *Chief Executive*, The Chartered Institute of Marketing

AGRADECIMENTOS

Muitas pessoas me estimularam e me ajudaram na construção deste livro e cito algumas delas aqui.

Primeiro, o pequeno e perfeito time da Target Internet, em especial Susana, Pete, Marie e Ciaran. Susana, obrigado por sua persistência e paciência durante todo o processo do nosso fantástico negócio. Ciaran, nem desconfiávamos, tantos anos atrás, quando começamos, que o podcast atingiria a marca de 1 milhão de downloads e entraria no Top 10 do iTunes!

Agradeço a todos do Chartered Institute of Marketing pelo suporte e parceria incessantes, e expresso minha gratidão em especial ao Chris Daly, por seu generoso prefácio.

Muito obrigado aos nossos bondosos e talentosos colaboradores, Tim Ruthven, Will McInnes, Allister Frost, Alina Ghost e Ciaran Rogers, realmente sou grato por seu tempo e por suas contribuições.

E, finalmente, minha gigante gratidão a todos vocês que leram este livro, visitaram a Target Internet, ouviram o podcast sobre marketing digital, me seguiram nas mídias sociais e, muito simpaticamente, constituíram uma audiência para que eu pudesse compartilhar minhas ideias e se engajaram comigo.

INTRODUÇÃO

A consciência da marca, ou *brand awareness*, é uma desculpa dos profissionais de marketing para quando não conhecem o valor do que estão fazendo. Se alguém pergunta a eles: "como essa campanha nas mídias sociais impacta o negócio?", e a resposta for: "é boa para a consciência da marca", é sinal de que não têm ideia da resposta.

A maioria dos profissionais de marketing não vendem coisas on-line como se tudo se resumisse no simples processo de fornecer o número de um cartão de crédito. As transações de vendas da maioria das empresas ocorrem em algum lugar físico, fora do site da empresa. Portanto, é muito difícil calcular o retorno sobre o investimento (ROI) de uma atividade digital, sobretudo quando envolve mídias digitais. Construção de marca, *brand building* ou consciência da marca são termos geralmente usados para designar o objetivo de um trabalho, quando os verdadeiros objetivos não estão claros.

Este livro pretende desmistificar o que realmente é marca em um mundo digital. Mostrar as contribuições da marca para os resultados financeiros, como desenvolvê-la e, mais importante, como avaliá-la e como valorizá-la.

Este livro irá ajudá-lo a construir um poderoso *framework* para planejar, implementar e mensurar a eficácia das suas campanhas digitais. Isso significa que você será capaz de desenvolver uma estratégia digital mensurável e baseada em objetivos claros.

COMO EXTRAIR O MÁXIMO DESTE LIVRO

Este livro é composto de três seções:

Parte 1 – *Digital Branding* em perspectiva

A Parte 1 explora o que realmente significa *branding* e como esse conceito mudou completamente, por conta dos canais e da tecnologia de marketing digital. Analisamos o que realmente precisamos compreender para avaliar a eficácia de nossas campanhas digitais.

Parte 2 – Kit digital

A Parte 2 considera os aspectos práticos de usar todos os canais e ferramentas digitais disponíveis. Exploramos tópicos como mídias sociais, marketing *mobile* e otimização de pesquisas, conectando tudo à jornada do usuário.

Parte 3 – Estratégia e mensuração em *digital branding*

Na Parte 3, construímos um processo para o desenvolvimento de uma estratégia digital, que possa ser implementada, mensurada e melhorada. Apresentamos um poderoso *framework* para a avaliação de todos os elementos da nossa atividade digital, inclusive como calcular o retorno sobre o investimento (ROI) em mídias sociais. E mais importante, deixaremos claro como as estratégias que desenvolvemos se relacionam com os objetivos do negócio.

Para acompanhar este livro, é disponibilizado um recurso on-line com materiais, como estudos de casos, modelos e ferramentas. É possível, ainda, conseguir tudo o que há de mais recente sobre *digital branding* visitando o site: **http://www.targetinternet.com/digitalbranding**.

PARTE UM

DIGITAL BRANDING EM PERSPECTIVA

Introdução

Vamos começar dizendo o que o não é *digital branding*. Não tem nada a ver com logos, nem com identidade visual, e tampouco envolve o apoio de celebridades e nem patrocínios de grandes equipes esportivas. O *digital branding* é, na verdade, a soma das nossas experiências on-line; essas experiências on-line podem ser impactadas e influenciadas por logos e patrocínios, mas precisamos compreender o *branding* como algo muito mais amplo que a identidade visual.

O *branding* mudou, sobretudo, em razão das mídias digitais. O digital permite comunicações em via de mão dupla entre marcas e consumidores – as mídias sociais, agora, permitem que dialoguemos diretamente com as marcas que usamos todos os dias. Na verdade, grande parte das comunicações via mídias digitais nem mesmo envolve mais a marca, transcorrendo diretamente entre os consumidores. Basta recorrer aos sites de resenhas, como o TripAdvisor, para constatar que os comentários dos consumidores sobre uma marca se tornaram mais importantes do que as afirmações da própria empresa sobre a marca.

UMA VISÃO TRADICIONAL DO *BRANDING*

Quando digo que o *branding* não tem a ver com identidade visual ou logos, muita gente fica chocada. Não estou afirmando que essas coisas não são importantes, mas, sim, que são parte cada vez menor de um panorama muito mais complexo. O seu logo e os aspectos visuais do design do seu site, de fato, impactarão as percepções da sua organização pelos consumidores, e não devem ser negligenciados, mas a realidade é que agora experimentamos as coisas de forma muito mais complexa em nosso mundo conectado.

O número de diferentes *touchpoints*, ou pontos de contato on-line (pontos em que interagimos com um determinado assunto, produto ou organização; diretamente, por meio de um site ou um aplicativo; ou indiretamente, acessando os resultados de uma pesquisa na internet ou participando de discussões nas mídias sociais) que estabelecemos antes de comprar está aumentando. Estamos buscando mais fontes de informação e adquirindo confiança de forma diferente. Já se foram os dias em que o marketing consistia em colocar o seu produto nas mãos de uma celebridade, em um comercial chamativo de 30 segundos na TV, e supor que seus esforços estavam concluídos.

Essa mudança para diálogo em vez de *broadcast* significa que a abordagem tradicional ao *branding* não é mais suficiente. Precisamos compreender como os mecanismos de pesquisa, as mídias sociais e o *mobile* estão impactando a forma como somos percebidos pela nossa audiência-alvo e a probabilidade de comprarem os nossos produtos. Também precisamos fazer isso de forma mensurável.

É tudo digital

Embora este livro seja sobre *digital branding*, não é só o digital que cria a marca – é toda experiência que a audiência-alvo tem da marca. Desde o tom de voz do pessoal do seu *call center* até o tipo de papel em que você imprime seus cartões de visita. A mudança fundamental, contudo, é que tudo isso está interligado em uma experiência on-line.

O que você faz depois de ver um anúncio de TV ou um anúncio impresso? Bem, de acordo com a Google, mais de 75% das pessoas usam seus dispositivos móveis para pesquisar sobre um produto de interesse (Govil, 2017).

A realidade é que nossos dispositivos móveis estão fechando as lacunas entre nossas experiências on-line e off-line, de modo que até a mídia *broadcast* precisa considerar cuidadosamente as interações on-line que irá provocar.

Consciência da marca como desculpa

Comecei este livro afirmando que consciência da marca é uma frase normalmente usada como desculpa para justificar uma atividade digital que não tem objetivos claros. Vejamos um exemplo: muitas organizações têm páginas no Facebook, entretanto, a maioria das empresas não têm ideia do motivo de terem uma página no Facebook.

Há um *corpus* de pesquisa denominado *Social Media Benchmark*, uma série de estudos realizados pelo Chartered Institute of Marketing, sobre como as organizações de todos os tipos estão usando e sendo impactadas pelas mídias sociais. O que fica muito claro em cada estágio dessa pesquisa, contudo, é que embora a maioria das organizações esteja usando cada vez mais as mídias sociais, elas não estão sendo usadas com eficácia.

Nessa parte, exploraremos o que realmente é o *digital branding* e como os seus recursos mudaram sobretudo o *branding*.

BUSINESS-TO-BUSINESS

Quando falamos sobre marcas e consumidores, é fácil assumir que estamos falando sobre situações *business-to-consumer*

(B2C). Na verdade, todos os princípios que estamos analisando aqui também se aplicam, igualmente, ao contexto *business-to-business* (B2B). Na condição de clientes potenciais no cenário B2B, ainda somos um indivíduo em meio a um processo decisório. Mesmo que o ciclo de compra seja diferente e a tomada de decisão seja motivada por outros fatores, ainda podemos mapear e compreender como o *digital branding* está exercendo impacto.

Na realidade, o processo de mapeamento do impacto e do valor do que fazemos on-line em B2B é ainda mais evidente, visto que a maioria das compras B2B são realmente off-line, e precisamos compreender a função que o digital está desempenhando na venda.

Referências e leituras complementares

GOVIL, A. How Brands Can Optimise TV Ads to Drive Product Discovery. *Think with Google*. 2017. Disponível em: <https://www.thinkwithgoogle.com/marketing-resources/experience-design/optimize-tv-ads-drive-product-discovery/>. Acesso em: 19 abr. 2017.

CAPÍTULO 1

O QUE REALMENTE SIGNIFICA *DIGITAL BRANDING*

A visão tradicional de *branding* diz que o significado de marca é: "nome, termo, design, símbolo, ou qualquer outro atributo que identifique o bem ou serviço de um vendedor como diferente dos de outros vendedores" (AMA, 2017). De fato, a palavra *brand* (marca) é derivada da palavra *brandt*, que, em norueguês antigo, significa "queimar", e era usada no sentido de "marcar" o gado, gravando a ferro e fogo a marca do proprietário no couro do animal.

A ideia de *branding* desenvolveu-se ao longo dos anos, passando a abranger um conjunto muito mais amplo de fatores. Além da ideia de identidade visual, também podemos considerar pensamentos, sentimentos, percepções, imagens, experiências, crenças, atitudes, e outras características que se associam à marca. Esse conjunto de considerações compõe nossa **imagem da marca** e, também, podemos falar do nosso conjunto de vivências referentes à marca, como nossa **experiência da marca**. A melhor forma de refletir a esse respeito, na minha opinião, é que a marca é a **personalidade** de alguma coisa.

Como o digital mudou o *branding*

Se fosse possível ter uma percepção da personalidade de alguém apenas ouvindo o que as pessoas dizem sobre si mesmas, talvez desenvolvêssemos um conhecimento muito superficial a respeito delas. Também podemos ter dificuldade em acreditar na personalidade que foi projetada – e talvez comecemos a questionar as motivações por trás do que estão narrando sobre elas mesmas. Essa é exatamente a situação do *branding* comercial que usa canais de transmissão, como a TV; primeiro, esculpem uma personalidade e, depois, a descrevem para a audiência. Nessas condições, não a analisamos, nem a sentimos, e, portanto, realmente não conhecemos a verdadeira personalidade.

No entanto, as mídias digitais agora permitem que a conversa deixe de ser em mão única. Eu posso desafiar, fazer perguntas e criar uma imagem mais real da marca; tenho condições de ver além da marca esculpida e começar a ver a marca real. O processo pode ser assustador para muitas marcas tradicionais. E isso, também, pode oferecer grandes oportunidades.

DEMOCRACIA DA MARCA

De início, fui convertido à ideia de democracia da marca por um bom amigo e palestrante motivacional, Jonathan MacDonald.

Democracia da marca é a ideia de que a sua marca não é o que você diz ser, mas, sim, a soma de tudo o que dizem que ela é. Esse conceito tem enormes implicações, não só em como gerenciamos nossas marcas, mas também em como precisamos mudar a própria natureza das nossas organizações.

Você pode ler o texto original de Jonathan e outros de seus pensamentos provocativos no site: **http://www.jonathanmacdonald.com**.

Palanque global

Se a marca é, essencialmente, a personalidade de alguma coisa, as mídias digitais nos dão a capacidade e a oportunidade de compreender a sua verdadeira personalidade. Podemos, então, recorrer a essa compreensão para nos orientar em nossas decisões.

Do ponto de vista do cliente, essa é uma ótima oportunidade; por exemplo, significa que, em vez de ficar esperando uma hora pelo atendente ao telefonar para um *call center*, e não ter outra escolha senão tolerar esse abuso, eu posso, agora, ir direto a um dos muitos canais nas mídias sociais e extravasar minha irritação com muita clareza e contundência. Tenho, assim, um palanque global, com acesso a todos os outros clientes potenciais pelo mundo afora, e posso impactar a marca de uma organização global, com abrangência e intensidade até então inconcebíveis (ou, pelo menos, quase inacessíveis). Esse protesto altamente visível se torna, então, parte da percepção da marca de outras pessoas (de forma justa ou injusta); e, de repente, toda a construção da marca, ao longo de anos, desaba inesperadamente. Esse é um ambiente muito diferente para as empresas – se ignorarem essa mudança, elas enfrentarão problemas.

Essas capacidades de se engajar com a marca e de pesquisá-la em profundidade também pode ser encarada sob uma perspectiva ainda mais simples. Talvez eu esteja pensando em comprar um carro ou um serviço B2B; agora, eu posso fazer muitas pesquisas e orientar a minha decisão antes de conversar com o revendedor do carro ou com o prestador do serviço. Quando eu de fato der esse passo final, estarei muito mais esclarecido e terei desenvolvido uma percepção bem mais profunda da marca, antes de falar com os vendedores. Com base nas informações que reuni on-line, posso até ter desistido de considerar certas marcas. Essas informações talvez tenham sido extraídas de sites de terceiros, na forma de resenhas ou de comentários de alguém que nunca conheci, mas posso confiar nessas observações, acima da própria voz e do autorretrato da marca.

PERCEPÇÃO DA MARCA

Fiz uma pesquisa sobre a palavra "Comcast" no YouTube – você pode ler os resultados a seguir. A Comcast é uma grande provedora de TV a cabo e de conexões de internet nos Estados Unidos. Ao pesquisar o nome da marca, recebi uma variedade muito interessante de vídeos, que podem impactar minhas percepções sobre a marca e influenciar minha propensão a comprar produtos ou serviços da empresa.

O primeiro vídeo é de alguém alegando que os veículos da Comcast foram responsáveis pela derrapagem de outros veículos, numa estrada coberta de neve (embora pareça faltar provas). O segundo vídeo, com mais de 420.000 visualizações, conta: "Tudo de errado com a Comcast". O terceiro vídeo é: "Comcast dificulta chamadas para o serviço de atendimento ao cliente". Finalmente, o quarto vídeo é do canal da Comcast no YouTube.

Analisaremos como lidar e a evitar problemas como esses, que resultam em vídeos negativos, no estilo dos três primeiros listados acima. Também aprenderemos, ao explorar a ideia de defesa de marca, como esse tipo de situação pode ser revertida e resolvida.

A falha nas mídias sociais

Esse ambiente em rápida evolução e o ritmo lento das empresas para se adaptarem ao novo contexto são as principais causas das histórias desastrosas nas **mídias sociais** que vemos todos os dias na internet. Algumas dessas histórias serão destacadas mais adiante para vermos o que podemos aprender com elas, mas, em geral, elas têm muitas coisas em comum. A maioria dos casos relatados nas mídias sociais demonstram a falta de conhecimento de como usar, na prática, determinado canal de mídia social ou revela a crença de que a marca pode manipular, de alguma forma, os canais de mídias sociais e contornar a crescente demanda de autenticidade e transparência. Outro tema comum é a falta de compreensão da mudança do papel da marca nessa conversa em via de mão dupla. Todos esses assuntos serão explorados na Parte Dois, quando analisaremos as mídias sociais.

Métricas tradicionais de marca

Tradicionalmente, as marcas têm sido avaliadas em entrevistas com os consumidores, na tentativa de avaliar suas opiniões sobre a marca, e de considerações sobre o efeito dessas opiniões nas vendas futuras.

Existem muitas formas de conduzir essas avaliações e considerações, mas, em geral, o trabalho consiste em pesquisas, por amostragem, da audiência-alvo, para analisar suas atitudes antes e depois da exposição a alguma forma de marketing. Nessas pesquisas, formulamos várias perguntas, por meio de diferentes abordagens, como por exemplo:

- Você conhece a marca?
- Você gosta da marca?
- Você pretende comprar a marca?
- Se você já comprou, você pretende comprá-la de novo?

Supomos que, se conseguirmos que mais pessoas respondam positivamente a cada uma dessas perguntas, maior será a probabilidade de vendermos mais. Esse processo pode ser extremamente válido, mas só quando integrado com eficácia numa abordagem mais ampla, o que exploraremos com mais detalhes nos capítulos 15 e 16.

A soma de todas as experiências

Resumidamente, o *digital branding* é a personalidade da nossa organização, serviço ou produto, resultante da soma de todas as experiências que um indivíduo tem com a marca. Esse processo ainda inclui elementos como identidade visual, mas agora também abrange pontos de contato muito mais relevantes e influentes, como interações nas mídias sociais e resenhas on-line. O seu logo pode torná-lo reconhecível, mas é a sua marca global que define como eu me lembro de você.

Esclarecendo os pontos de contato (*touchpoints*)

Se estamos definindo o *digital branding* como a soma de todas as experiências que alguém tem com a marca, parece intuitivo usar o termo "ponto de contato" para se referir a uma dessas experiências, como já fizemos. No entanto, precisamos ser cuidadosos com a definição de ponto de contato. O ponto de contato, ou *touchpoint*, é geralmente interpretado como algum tipo de engajamento ou experiência com um canal de marketing criado pela a marca. Essa ideia de canal de marketing pode ser expandida para incluir tudo, desde embalagem até telefonemas. Porém, é preciso esclarecer melhor o processo de quando vamos além dessas experiências controladas pela marca, e tratamos de aspectos como o "boca a boca" e o engajamento nas mídias sociais. Frequentemente, esses tipos de pontos de contato não têm nenhum envolvimento direto com a marca; como por exemplo, quando um consumidor lê uma resenha on-line, redigida por outro consumidor, sobre a experiência dele com a marca. Essa narrativa também é um ponto de contato e, provavelmente, um dos mais importantes.

OPINIÃO

ALLISTER FROST, Fundador da Wild Orange Media

Allister já foi *Head of Digital Marketing Strategy* na Microsoft, e trabalha com uma ampla variedade de organizações globais, ajudando a planejar e a implementar suas estratégias de marketing digital:

> Os dias em que era possível segmentar com clareza nossas comunicações de marketing nas categorias "tradicional" e "digital" ficaram para trás. Hoje há apenas um marketing, e todo ele é, até certo ponto, digital. Mesmo a publicidade na imprensa, a fortaleza do marketing convencional, não está imune a essa mudança. Os anúncios impressos, que não conectam rapidamente suas promessas com os pontos de entrada na vida digital dos consumidores, não realizam mais todo o seu potencial, num mundo cada vez mais digital.

Cabe a todos os profissionais de marketing abraçar os canais on-line e descobrir formas mais eficazes de ajudar os consumidores a encontrar, curtir e compartilhar um **ótimo conteúdo** que promova os objetivos de negócio das empresas. Para isso, é necessário ir além dos métodos de publicidade *spray and pray*, ou "espalhe e reze", e criar ótimas experiências de marca para os clientes, em todos os estágios do ciclo de compra. Afinal, a marca é um pouco mais do que a soma de tudo o que as pessoas dizem sobre a ela. Então, a tarefa do profissional de marketing atual é garantir que as conversas sobre a marca sejam reais, favoráveis e facilmente descobertas em quaisquer canais escolhidos pelos clientes. Essa é a origem do novo retorno do investimento, o volume de conversa on-line, que influencia positivamente as vendas da marca. É hora de um admirável mundo novo, bem-vindo ao mundo digital!

Referências e leituras complementares

AMA. *American Marketing Association Dictionary.* Chicago, 2017. Disponível em: < https://www.ama.org/resources/Pages/Dictionary.aspx?dLetter=B >. Acesso em: 19 abr. 2017.

CAPÍTULO 2

FOCANDO O VALOR

Com toda essa conversa sobre percepção da marca, engajamento nas mídias sociais e mudanças do ambiente empresarial, é fácil se distrair em relação aos fundamentos do marketing e dos negócios, essenciais para o sucesso da organização. Essa advertência é ainda mais oportuna quando o ambiente de trabalho está mudando com tanta rapidez, agravando o risco de focarmos no que é emergente e diferente, em vez de focar no que é realmente relevante e eficaz.

Basicamente, é necessário ter clareza quanto a dois aspectos: primeiro, precisamos sempre ter uma visão clara de quais são os nossos objetivos de negócio e nos concentrar em como qualquer atividade de marketing que estamos realizando deve estar conectada a esses objetivos. Segundo, precisamos descobrir os objetivos da nossa audiência-alvo para alinharmos o que ela quer com o que estamos oferecendo. Precisamos compreender suas motivações. Todo o resto é secundário em comparação com esses dois pontos-chave – e é sempre bom voltar a esses princípios.

Fechando as lacunas

Tradicionalmente, ao considerarmos os objetivos de negócio da nossa empresa e da nossa audiência-alvo, quando essas duas perspectivas se sobrepõem, temos a oportunidade de criar valor para ambos.

No entanto, a realidade de tudo isso, num ambiente digital, é que esse valor potencial não é suficiente. Se eu quiser que o cliente se engaje em um ambiente on-line, não basta que meu produto ou serviço apenas entregue valor; preciso oferecer a ele uma razão para se envolver comigo, para oferecer feedback sobre meu produto ou serviço e para iniciar um diálogo.

FIGURA 2.1: Alinhamento entre os objetivos do negócio e do usuário

É nesse momento que o *digital branding* entra em cena. O *digital branding* pode fechar as lacunas entre os nossos objetivos de negócio e com aquilo que a nossa audiência-alvo realmente quer se engajar (ver Fig. 2.2).

FIGURA 2.2: O *digital branding* transpõe a lacuna entre os objetivos do negócio e os objetivos da audiência-alvo

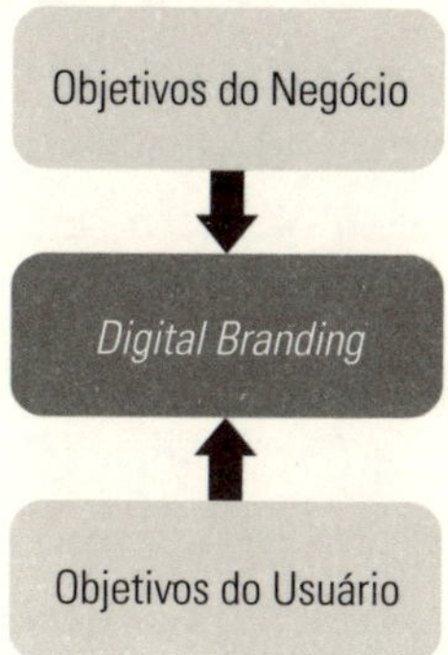

Proposta de valor

A proposta de valor é definida de diferentes formas por diferentes pessoas, mas, basicamente, é uma promessa da oferta de valor, que deve ser relevante e confiável para a audiência-alvo. Pode ser uma promessa de valor em um único produto ou em toda uma organização. O *digital branding* possibilita a comunicação dessa proposta de valor.

Vamos dar uma olhada em alguns exemplos de diferentes mercados para deixar claro como tudo isso se encaixa.

Serviços business-to-business

Se eu quiser que você compre da minha organização um serviço B2B complexo, preciso fazer algumas coisas, mas, antes de tudo, devo oferecer o conteúdo necessário para ajudar você a decidir. Isso significa que eu preciso mapear todos os estágios do ciclo de compra a ser percorrido e responder a todas as suas perguntas. Na maioria das situações B2B, o cliente potencial não se envolverá pessoalmente com o potencial fornecedor até decidir exatamente o que quer adquirir.

Para isso, talvez seja necessário educar a audiência sobre alguns tópicos, mesmo antes de eles compreenderem exatamente o que eu estou oferecendo. Caso se trate de um item com um ciclo de compra longo, ou caso seja uma compra muito esporádica, também terei de me engajar com a audiência, quando os indivíduos ainda não estiverem efetivamente no processo de compra. Em outras palavras, terei de fornecer valor, além de simplesmente falar sobre as minhas soluções.

Uma típica abordagem de *digital branding* é nos posicionarmos como recurso útil numa questão setorial e oferecer valor com o conteúdo. Pode ser qualquer coisa, como notícias do setor, artigos sobre liderança e relatórios relevantes, mas o importante é fornecer valor, em vez de simplesmente discursar sobre minhas atividades.

Precisamos mensurar a eficácia desse conteúdo e seu impacto positivo sobre as vendas.

Bens de consumo embalados

Trata-se de produtos alimentícios e de higiene, ou seja, gêneros alimentícios, produtos de limpeza e higiene pessoal que, geralmente, não são muito diferenciados. Como grande parte desses itens não se diferencia em relação aos produtos concorrentes, o *branding* é, em grande parte, o que os torna distintos. Na verdade, esse é o mercado em que realmente se desenvolve a abordagem tradicional de *branding*. O problema no mundo digital é: por que eu conversaria ou me engajaria on-line para discutir sobre detergentes ou guloseimas?

Esse é o ponto em que o *digital branding* pode fechar as lacunas entre aquilo com o que o consumidor quer se engajar e aquilo sobre o que uma organização quer falar. Ao ampliar a conversa e ao explicar nossa proposta de valor, podemos encontrar tópicos que atrairão o usuário. Por exemplo, a Skittles envolve os usuários com diversão e humor excêntricos, via Facebook – daí resultam engajamentos e afinidades reiteradas com a marca. A marca Dove usa o tema "a real beleza" para envolver a audiência e estimular a conversa – esse processo gera exposição à marca e acarreta na associação da marca a temas positivos. Temos de mensurar a eficácia desse engajamento nas mídias sociais e compreender qual é o impacto que está tendo para impulsionar as vendas.

Produtos de consumo complexos

Quando compramos um produto de consumo mais complexo, como automóveis ou produtos tecnológicos, o processo é realmente muito semelhante ao das compras B2B, mesmo que o item possa ser adquirido on-line.

O cliente potencial precisa compreender o mercado e as opções disponíveis. Devemos saber onde estamos no ciclo de compra para oferecer o conteúdo certo, e talvez tenhamos de nos engajar com os clientes antes mesmo de pensarem em comprar, a fim de promover a conscientização e aumentar a probabilidade da compra.

Financiamento de filantropia

Quando uma instituição filantrópica está em busca de doações e, talvez, de um compromisso duradouro de contribuições mensais, o engajamento é essencial para que eu me sinta motivado a fazer a primeira doação, mas também para que eu não desista de doar e acabe cancelando minhas contribuições mensais.

Compreender as motivações para doar torna-se essencial, e elaborar a troca de valor em curso pode ser muito poderoso. As mídias sociais possibilitam conexões pessoais influentes e, ao permitir que os indivíduos se apresentem aos colegas como gostariam de ser percebidos, a instituição filantrópica pode usar o *digital branding* para oferecer grande importância à audiência, isto é, ela fornece o mecanismo, via mídias sociais, que faz com que o doador pareça generoso, zeloso ou detentor de qualquer outro atributo com o qual gostaria de se associar.

Marcas de luxo

Depois de toda essa conversa sobre proposta de valor e sobre pontos de contato on-line, talvez você esteja pensando em exemplos nos quais nada disso se aplica. O primeiro e o mais óbvio é o de marcas de luxo. Já ouvi, muitas vezes, o argumento de que as marcas de luxo não podem ser definidas por um simples processo de marketing. Contudo, posso argumentar que exatamente os mesmos princípios podem ser aplicados.

Sua percepção da marca de luxo é composta simplesmente por todos os pontos de contato on-line e off-line que você teve com a marca e seus produtos. Já dissemos que o *digital branding* é o conjunto de pontos de contato digitais que moldam nossas opiniões, e aqui isso não é diferente.

Frequentemente as marcas se desenvolvem ao longo de muitos anos, e isso significa gastar milhões em publicidade para criar uma série de pontos de contato que fazem você se sentir de certa forma em relação àquela determinada marca. Você pode ver alguém famoso usando um produto, ver uma marca em certo evento de alto nível, ou se deparar com uma série de anúncios impressos que associam a marca a um estilo de vida luxuoso. São pontos de contato simples, produzidos para apelar a todos os tipos de emoções humanas e para moldar os seus sentimentos em relação à marca.

Tudo se resume a conteúdo

Todos os exemplos acima mostram como podemos usar os vários canais digitais para fornecer valor, se compreendermos plenamente nossa audiência-alvo e sua jornada do usuário. O *digital branding* é a soma das experiências que temos on-line e depende da oferta de valor. O fornecimento de valor, por sua vez, geralmente dependerá de algum tipo de conteúdo, que pode ser algo que nos esclareça sobre um tópico e que nos inspire confiança, ou qualquer outra coisa que possamos compartilhar com nossos colegas, de modo a sermos percebidos da forma como queremos que nos vejam.

Mesmo quando estamos lidando com produtos que provocaram pouco engajamento, podemos reforçar o envolvimento por meio de conteúdo adequado e *digital branding* inteligente.

Digital branding é a soma das experiências que temos on-line e depende da oferta de valor.

Para conduzir bem o *digital branding*, contudo, realmente precisamos focar na jornada do usuário e ver como podemos oferecer valor, de modo a influenciar os processos decisórios que compõem a compra de alguma coisa. Compreender essa jornada do usuário é exatamente o que veremos no estudo de caso a seguir.

OPINIÃO

TIM RUTHVEN, Imperial College London

O conteúdo é fácil quando a marca e a estratégia corporativa são únicas e a mesma coisa

O conteúdo impactante geralmente é impreciso para os profissionais de marketing, na medida em que eles, poucas vezes, têm a oportunidade de colaborar com altos executivos na definição e ajuste da proposta de valor da organização. Por isso, as iniciativas dos profissionais de marketing de conteúdo, no nível de marca e produto, quase sempre são incompatíveis com as necessidades dos clientes, uma vez que esses profissionais trabalham com propostas de valor sempre variáveis, pouco atraentes para os consumidores potenciais. Ainda pior, os orçamentos são mal distribuídos entre atividades táticas, como relações públicas (RP), *pay-per-click* (PPC) e mídias sociais, geralmente ampliando excentricidades e idiossincrasias que não constroem a marca nem geram *leads*.

Em 2013, o Imperial College London recebeu um novo reitor, oriundo dos Estados Unidos, para dirigir sua *Business School*. O reitor "Anand" Anandalingam iniciou, de imediato, um processo de consulta à comunidade escolar e acadêmica para desenvolver uma identidade de marca empresarial, e elaborar uma estratégia organizacional que ajudasse a instituição a competir no cenário global com as melhores do mundo.

Essa foi a primeira tentativa bem-sucedida na história da escola de definir a si própria, o que ofereceu a perfeita oportunidade ao marketing de engajar-se plenamente num processo de consulta comunitária, para garantir que a visão, a missão e a orientação estratégica da instituição repercutissem entre os principais *stakeholders*, posicionando-a no mercado global altamente competitivo de escolas de negócios, com uma proposta de valor diferenciada.

Incumbido de melhorar o perfil da escola, eu estava extremamente consciente de que, com o apoio de um líder solidário e decidido, o marketing poderia desempenhar papel fundamental na definição da marca e, possivelmente, superar as críticas que, em regra, enfrentávamos como departamento. O marketing inadequado, quase sempre, era considerado a causa de nosso baixo nível de consciência da marca, de mensagem indiferenciada e de elementos visuais fragmentados, quando o que faltava era tanto uma marca nítida e distinta quanto uma estratégia organizacional.

Liderei o projeto de marca para Anand, trazendo Max Du Bois, reconhecido consultor de marca, para ajudar a integrar o que precisávamos, em termos de marca, com a estratégia do reitor para a escola. Após dois anos de engajamento dos *stakeholders*, a escola sentiu que havia desenvolvido a visão, a missão, um conjunto de mensagens críticas para as nossas audiências e uma nova marca visual que, com o tempo, ajudariam a nos posicionarmos, com diferenciais específicos, entre as melhores escolas do mundo.

Acredito que, sem esses pilares, o marketing de conteúdo não teria gerado um retorno sobre o investimento, ou ROI, satisfatório para a organização. A elaboração da estratégia foi desafiadora e demorada, mas, por fim, forneceu o *framework* para construir e divulgar a marca de forma distinta e consistente em um mercado ruidoso.

Nosso trabalho consistiu em:

- Adotar uma abordagem segmentada.
- Melhorar as competências do time.
- Conquistar o apoio da liderança.
- Alinhar a construção da marca com os processos de planejamento estratégico da organização.
- Buscar ajuda especializada.
- Desenvolver conteúdo que fornecesse "pontos de prova" para a almejada posição da marca.

Adotar uma abordagem segmentada

Desdobramos o projeto em partes gerenciáveis e compreendidas pela organização:

- Mensurando a consciência da marca – esse é um insight irresistível que induz os gestores a agir.
- Alinhando-se com a liderança para definir (ou recalibrar) a marca – as expectativas dos *stakeholders* e as percepções predominantes também são insights instigantes para os gestores.
- Trabalhando com *stakeholders* internos e externos para testar e refinar mensagens e posições – ajustando-as para obter dos *stakeholders* as respostas desejadas.
- Transmitindo logo as mensagens – por que esperar pelos visuais atraentes, para, só então, conversar com o cliente de forma a reforçar o valor?
- Desenvolvendo a marca visual para refletir a posição desejada para a marca – é hora de olhar para as partes.
- Buscando oportunidades, continuamente, de modo a desenvolver pontos de prova adicionais – quando a marca e a estratégia estão alinhadas, o marketing consiste, simplesmente, em promover novas iniciativas.

Melhorar as competências do time

Investimos intensamente em nosso pessoal. Contratamos Daniel Rowles (consultor digital, educador e *coach*) para trabalhar como membro de nosso time, refinando nossa estratégia de marca, identificando nossas lacunas de competência, como indivíduos e como time, e orientando-nos para cursos de aperfeiçoamento, de modo a desenvolver as capacidades necessárias. Também recrutamos especialistas externos para desempenhar o papel de *coaches* de cada membro do time, em projetos específicos, por períodos de seis meses, de modo a consolidar o aprendizado:

- Trazendo especialistas para questionar a estratégia.
- Identificando as lacunas de competência dos times.
- Fechando as lacunas de competência.
- Usando o *coaching* para impactar os projetos atuais, com novas competências e expertise.

Conquistar o apoio da liderança

Com o apoio da liderança, conseguimos dirigir projetos paralelos para localizar e engajar os principais *stakeholders*, tais como alunos potenciais, acadêmicos de pesquisa e executivos relevantes. Ao compreender suas necessidades, desejos e demandas, conseguimos posicionar melhor a organização para atender a esses *stakeholders*:

- Garantindo o apoio da liderança com insights irresistíveis.
- Instituindo os executivos com o apoio de especialistas reconhecidos.

Nota: Não prossiga antes de alcançar este ponto. Talvez seja necessário esperar a chegada de uma liderança que dê apoio ou procurar outra organização cuja liderança tenha definido uma estratégia clara.

Alinhar a construção da marca com os processos de planejamento estratégico da organização

Concluímos que, para melhorar o ROI de marketing, tínhamos de ajudar os executivos a definir a orientação estratégica. Apresentamos insights que construíam uma imagem de como os principais clientes percebiam a organização, o que precisavam, o que queriam e o que demandavam, e como percebiam que a nossa organização podia entregar valor em troca do que pagaram. Esse insight impactou drasticamente a forma como a alta liderança queria caracterizar e posicionar a escola. Por exemplo, ficou óbvio que a escola carecia de algumas disciplinas acadêmicas que seriam necessárias para o desenvolvimento de programas diferenciados de ensino e pesquisa, que são fundamentais para a indústria e para a sociedade.

Buscar ajuda especializada

Não é comum que um profissional de marketing trabalhe com a liderança para definir a marca. Assim, trazer profissionais experientes para esse projeto crítico realmente produziu resultados. Os consultores devem ser experts na área, encaixarem-se na cultura organizacional e terem muita experiência em internalizar a expertise de gestão de marcas, ou seja, devem estar dispostos a atuar como *coaches.* Além disso, o mais importante é a vontade de colaborar com outros especialistas. Recorremos a especialistas em estratégia de marca, marca visual, marketing digital, SEO, relações públicas (RP) e *pay-per-click* (PPC). Trata-se de novos campos em que é preciso ser competente.

Desenvolver conteúdo que fornecesse "pontos de prova" para a almejada posição da marca

Com os perfis de nossos principais *stakeholders* bem definidos e sabendo onde encontrá-los, construímos um *hub* de conteúdo sobre "liderança de ideias" (*thought leadership*). Para amplificar a expertise da escola. Convertemos tudo isso, convenientemente, em palavras-chave relevantes para o PPC, com um excelente conteúdo reservado para amplificação por meio de RP e campanhas de *digital display*. Promovemos essa integração:

- Contratando uma agência de RP, que conhecia SEO e possuía redes para divulgar nosso conteúdo.
- Contratando uma agência de mídia capaz de rastrear e otimizar nosso PPC e campanhas de display.
- Formando um time de jornalistas freelancers, para redigir conteúdo compatível com nossas mensagens e palavras, e que fosse atraente para a mídia (a audiência).
- Contratando um *videomaker* familiarizado com mídias sociais.
- Compondo um time interno, capaz de trabalhar com colegas internos e externos, para planejar, criar e manter o conteúdo de construção da marca, além de programar sua oportuna amplificação.

Ao fornecer apoio à alta liderança, nosso departamento de marketing desenvolveu mensagens claras, diferenciadas e cativantes, que contribuíram para uma melhoria marcante no desempenho de nossas atividades de marketing e comunicação. O processo foi tão bem-sucedido que chegamos a temer alguma redução em nosso orçamento, mas nossos resultados produziram o efeito oposto.

CAPÍTULO 3

CONSIDERANDO A JORNADA DO USUÁRIO

Até aqui, discutimos a ideia de o *digital branding* ser a soma de todas as experiências do usuário on-line, e também mencionamos que o gerenciamento eficaz desse processo exige a compreensão da jornada do usuário. Portanto, vamos descrevê-la com mais detalhes e examinar algumas das ferramentas que podem ser úteis no percurso.

Marketing multicanal

A realidade de todo o marketing é que, em geral, não é apenas um único fator que leva o cliente a comprar um produto ou a escolher um fornecedor. Quase sempre é uma enorme variedade de fatores que o induzem a preferir certa marca em comparação à outra, a escolher determinado fornecedor ou a comprar um produto em especial. O *digital branding* se resume em compreender esse processo e em torná-lo mensurável.

Como profissionais de marketing, podemos moldar, mensurar e usar todos os tipos de ferramentas para tentar compreender o processo de compra – e é aqui que o marketing digital demonstra suas maiores forças. Temos acesso a mais dados e somos capazes de mensurar a jornada do usuário como nunca feito antes.

No entanto, a peça que falta nesse quebra-cabeça de mensuração pode ser a interação entre marketing on-line e off-line. Com muita frequência, o *mobile* pode atuar como ponte entre os dois, mas ainda enfrentamos alguns desafios nesse processo. A jornada possui alta probabilidade de não ser linear: muitos canais e tipos de conteúdo podem ser revisitados várias vezes e talvez não tenhamos qualquer visibilidade de alguns trechos do percurso. Mesmo assim, porém, ainda temos uma visão melhor do que em qualquer outra época e, com um pouco de planejamento, podemos fechar as lacunas.

Exemplos de jornada do usuário

Vamos considerar duas jornadas do usuário reais – B2B e B2C – ao longo de todo o processo de compra e considerar como diferentes canais que trabalham juntos.

Exemplo business-to-business *(B2B)*

Preciso de uma nova empresa de hospedagem para o meu site de negócios. Sou responsável pela confiabilidade do site e já tive algumas experiências ruins, que acabaram deixando o site off-line, me causando frustração e constrangimento. Essa decisão de compra é motivada basicamente pela mitigação dos riscos, mas também preciso garantir que o meu site será rápido e que o provedor me dará a oportunidade de expandir e melhorar minhas ofertas on-line; logo, preciso de flexibilidade e desempenho. Essa não é uma decisão que tomarei sem estar bem informado, e a jornada do usuário é composta por vários passos, incluindo os seguintes:

- Fazer várias pesquisas de fornecedores.
- Ler resenhas on-line sobre esses fornecedores.

- Assinar as *newsletters* de cada um desses fornecedores.
- Pedir por opiniões no LinkedIn e no Twitter sobre as experiências dos usuários das minhas redes sociais.
- Usar ferramentas de diagnóstico para definir o tipo de hospedagem mais adequado às minhas necessidades.
- Consultar sites que falam em tecnologia de hospedagem para me informar sobre o assunto.
- Assinar as *newsletters* dos sites que me educaram sobre o tema.
- Conversar com colegas e parceiros de confiança em eventos e reuniões não relacionados. Obter referências sobre fornecedores dos quais nunca ouvi falar e fazer anotações no celular.

Assim, vamos definir o que é importante observar nessa jornada do usuário. Primeiro, que a minha decisão se baseia na mitigação dos riscos e na busca da empresa mais adequada para atender às minhas necessidades. Também preciso estudar o tema (o que é muito comum em decisões de compra B2B).

Além disso, precisamos observar os aspectos práticos dessa jornada. Ela foi percorrida quase inteiramente on-line, exceto quando envolveu interações pessoalmente. Entretanto, eu só conhecia muitos dos fornecedores que procurei em razão de algumas interações off-line, em eventos profissionais anteriores. Ainda por cima, durante boa parte do tempo que passei lendo e estudando, eu estava de fato off-line, já que eu não tinha acesso à internet, em aviões ou trens com má conectividade.

Então, o que tudo isso nos diz sobre nosso *digital branding*? Nossa proposta de valor precisa alinhar-se estreitamente com as ideias de mitigação de riscos, confiança e esclarecimento. Portanto, uma proposta de valor clara e alinhada às necessidades do usuário, como essência de qualquer estratégia, é fundamental para qualquer fornecedor potencial. Os fornecedores precisam oferecer mais conteúdo, além de apenas proclamar como as soluções deles são ótimas, e eu preciso estudar mais as informações disponíveis para confiar nas propostas de valor. Juntos, esses elementos constituem um exemplo clássico da necessidade do marketing de conteúdo, que analisaremos em breve.

Além de precisar desses diferentes tipos de conteúdo, eu devo ser capaz de consumi-los conforme as minhas características e preferências. O que era compatível com as minhas peculiaridades dependia da hora e do lugar, e eu também queria um conteúdo que fosse eficaz em todos os meus dispositivos.

Exemplo business-to-consumer *(B2C)*

Estou examinando o que posso fazer com os pontos dos meus programas de fidelidade para a compra de passagens aéreas, como o processo funciona e aonde eu gostaria de ir. Esse processo envolve não só curtir a busca das alternativas de viagem, mas também a elaboração de planos práticos de turismo.

À medida que avanço no processo, passarei por várias etapas, que podem incluir, mas não apenas, as seguintes:

- Fazer o login na conta e verificar o total de pontos acumulados.
- Compreender o processo de usar os pontos para reservar os voos.
- Verificar os voos, os destinos e as datas disponíveis, sem ainda ter um roteiro específico.
- Estudar os destinos, explorando as opções de feriados e a possibilidade de adequação para diferentes tipos de viagem (romântica, familiar, etc).
- Preparar o roteiro mais econômico para os meus objetivos, considerando todos os custos e benefícios.

Lembre-se de que o processo envolve tanto diversão e prazer quanto planejamento e praticidade, e 90% dos usuários de smartphones usam seus dispositivos *mobile* para ir rumo a um objetivo futuro quando estão fora de casa (Think with Google, 2017). Portanto, muitas dessas pesquisas são realizadas em um dispositivo móvel.

Cito esse exemplo não só porque ele é real, mas também porque, no caso da minha companhia área preferida, isso se revelou quase impossível. O ponto crítico aqui é que era essencial compreender a motivação da minha jornada do usuário, que consistia em explorar, aprender e "simular um plano". Vamos dar uma olhada em alguns dos problemas que interferiram no processo, impedindo-a de atender às minhas necessidades:

- Site principal redirecionando para site *mobile*, com funcionalidade limitada.
- Impossibilidade de retornar ao site principal.
- Site principal não foi projetado para funcionar em vários dispositivos.
- Opções de pesquisa inadequadas à minha jornada como usuário, devido à incerteza quanto ao destino.
- Dificuldade em pesquisar a disponibilidade sem navegar por sucessivas páginas de datas.
- Falta de informações ou recomendações de sites sobre possíveis destinos.
- Orientações confusas sobre opções de roteiro ao viajar com a família (eu não me sentiria à vontade sentado na classe executiva, saboreando coquetéis e acenando para minha família na classe econômica).

Os problemas não eram só de tecnologia. Afinal, a companhia área tinha um aplicativo. Só não havia imaginado as diferentes jornadas do usuário e o processo foi planejado para trabalhar com o sistema de reservas deles.

Se essas jornadas do usuário tivessem sido consideradas, qualquer companhia área ou agência de turismo que eu tivesse procurado teria a oportunidade de engajar-me, de reforçar a marca e de me dar inspiração para futuras viagens. Mesmo que eu não fizesse minhas reservas naquele momento, elas poderiam ter melhorado a minha lealdade à marca e as minhas recomendações boca a boca, se tivessem facilitado o processo.

Essa incapacidade de levar a uma reserva imediata é grave e compromete o cerne do *branding mobile*. Posso percorrer todo o processo de reserva de voo e sair na última etapa, sem concluí-lo. Isso pode acontecer não porque alguma coisa deu errado, mas porque eu estava usando as ferramentas disponíveis para **planejar**, não para **concluir** uma reserva. O importante é que eu seja capaz de compreender a jornada e de valorizar a primeira visita inconclusa, que não terminou em venda, pois essa não era a intenção. Podemos resolver esse cenário que, de início, parece complicado, usando alguns recursos de análise gratuitos, como os *multi-channel funnels*, no Google Analytics.

Marketing de conteúdo

Falamos em marketing de conteúdo quando consideramos a experiência do usuário e a otimização de pesquisas, mas esse conceito também é parte muito importante de nossa abordagem ao *digital branding*. Basicamente, o marketing de conteúdo trata do fornecimento de conteúdo útil e atraente, adequado à jornada do usuário. O marketing de conteúdo tem a ver com oferecer valor além do proporcionado pelo produto em si. Se retornarmos ao meu exemplo da seleção de um provedor de hospedagem, um ponto útil para o marketing de conteúdo teria sido o esclarecimento dos usuários sobre as tecnologias de internet. O Quadro 3.1 apresenta alguns outros exemplos.

QUADRO 3.1: Ideias de temas para marketing de conteúdo

Tipo de empresa	Foco do marketing de conteúdo
Agência de SEO	Orientação sobre marketing digital
Rafting em equipes	Formação de equipes e recursos humanos
Marca de bebida alcóolica	Preparo de coquetéis e receitas
Detergente	Dicas de redução das despesas domésticas
Roupas para a prática de esportes	Dicas sobre treinamento e fitness
Serviços profissionais	Artigos sobre liderança de ideias

Marketing de conteúdo, proposta de valor e marca

O marketing de conteúdo reforça nossa proposta de valor por meio da entrega digital de conteúdo ou serviços. Mais importante, temos a oportunidade de usar criativamente tecnologias digitais para cumprir a proposta de valor via interações.

O Quadro 3.2 vem da nossa ideia sobre temas de marketing de conteúdo e examina como aplicá-los de forma interativa.

QUADRO 3.2: Temas de marketing de conteúdo e ideias sobre interatividade

Foco do marketing de conteúdo	Ideia interativa
Orientação sobre marketing digital	Ferramenta de relatório de campanha
Recursos humanos	Guia de RH interativo com planejamento de cenários
Preparo de coquetéis e receitas	Livro de receitas portátil e interativo
Dicas de redução das despesas domésticas	Cupons e descontos por região
Dicas sobre treinamento	Cronograma de progresso dos objetivos de treinamento
Artigos sobre liderança de ideias	Tutoriais audiovisuais interativos

Todas essas ideias podem ser transformadas em algo muito mais impactante, que reforçaria interativamente a proposta de valor da marca. É importante compreender como isso se aplica a organizações com ofertas de produtos e serviços completamente diferentes. Um serviço B2B é, geralmente, uma compra de alto envolvimento. Ou seja, o comprador pensa cuidadosamente e faz algumas pesquisas antes de comprar. Comprar artigos de confeitaria, por outro lado, é uma compra de baixo envolvimento – dificilmente você compara barras de chocolate on-line antes de comprá-las. No entanto, usar serviços digitais e marketing de conteúdo podem reforçar a proposta de valor e o posicionamento da marca em ambos os casos.

Os estágios da jornada do usuário

Qualquer jornada on-line passa por vários estágios diferentes, começando com a falta de conscientização sobre um tópico até a intenção comercial direta e a lealdade pós-compra (ou a sua falta!). A variedade de modelos diferentes que ajudam a visualizar esse processo é ampla, mas considero o funil de vendas tradicional um ótimo ponto de partida.

Funil de vendas tradicional

O funil de vendas tradicional (Fig. 3.1) mostra como a audiência-alvo avança do estágio de falta de intenção comercial, passando pela navegação sem rumo certo e pela vaga noção de um tópico, até chegar ao interesse ativo e ao ponto de compra, para, finalmente, desenvolver lealdade e confiança.

FIGURA 3.1: O funil de vendas

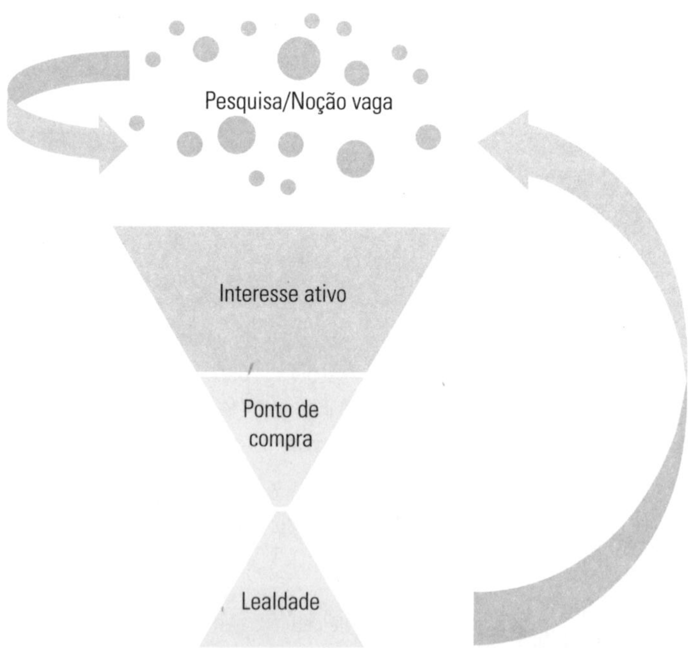

O diagrama também mostra que essa jornada nem sempre é linear. Posso passar muito tempo pesquisando ao acaso e revisitando conteúdos antes de entrar na fase de interesse ativo. Além disso, a duração da fase de interesse ativo irá variar de acordo com a oferta de produto/serviço e com a audiência-alvo. Depois de chegar ao estágio de lealdade, é possível que eu até considere útil o conteúdo que percorri na fase de pesquisa aleatória.

Em cada estágio da jornada, preciso compreender os objetivos e as motivações da minha audiência-alvo e avaliar os conteúdos e interações que a levará para o próximo estágio. Daqui a pouco, veremos como planejar o conteúdo com o plano de fundo do funil de vendas.

Ver - Pensar - Fazer - Cuidar

Avinash Kaushik é autor best-seller, renomado especialista em análise de dados (*analytics*), e *Digital Marketing Evangelist* do Google. Por meio de do seu excelente blog, *Occam's Razor*, ele apresenta o *framework* Ver – Pensar – Fazer – Cuidar (Fig. 3.2). Esse *framework* trata-se de um modelo simples de compreender, ainda que flexível e eficaz, para planejamento de conteúdo. Você pode ler mais a respeito em **http://www.kaushik.net/avinash/**.

FIGURA 3.2: *Framework* Ver – Pensar – Fazer – Cuidar, de Avinash Kaushik

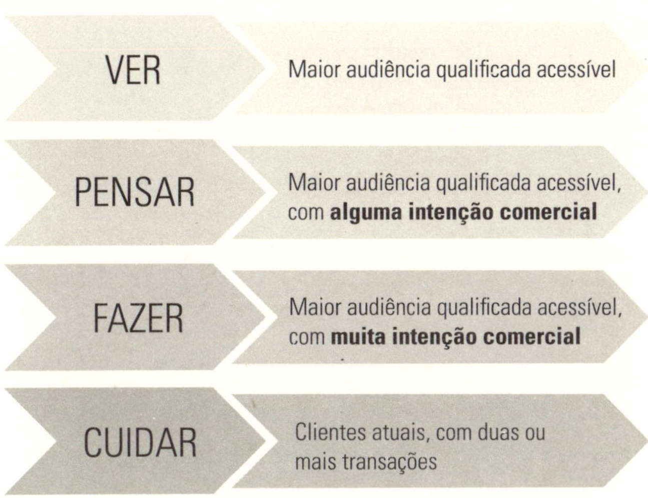

Na verdade, nosso modelo de funil e o *framework* Ver – Pensar – Fazer – Cuidar dizem a mesma coisa. Precisamos de conteúdos diferentes, em contextos diferentes e em cada estágio da jornada do usuário.

Planejamento de conteúdo

Vamos escolher alguns exemplos e pensar em como podemos planejar o conteúdo com base em cada um dos estágios de ambos os modelos de jornada do usuário. Consideraremos duas organizações diferentes: a **TargetInternet.com**, empresa *business-to-business* que vende acesso a cursos de marketing digital on-line, e a **Tesco.com**, varejista de gêneros alimentícios e produtos de limpeza. O Quadro 3.3 mostra os quatro estágios da jornada do usuário de ambos os modelos, e, então, apresenta exemplos de conteúdo em cada estágio para determinada audiência.

QUADRO 3.3: Modelos de jornada do usuário e planejamento de conteúdo

Estágio	TargetInternet.com	Tesco.com
VER (Pesquisar)	7 ótimas dicas do Facebook para o sucesso social	25 coisas para fazer com os filhos em um dia chuvoso
PENSAR (Interesse Ativo)	Guia completo para fechar as lacunas de competência em marketing digital	20 ideias saudáveis para a lancheira dos filhos
FAZER (Ponto de Compra)	Cursos de marketing digital on-line	Compras de supermercado on-line
CUIDAR (Lealdade)	7 ótimas dicas do Facebook para o sucesso social	25 coisas para fazer com os filhos em um dia chuvoso

O conteúdo **ver/pesquisar** é de interesse geral para a nossa audiência-alvo. O conteúdo **pensar/interesse ativo** se relaciona ativamente com o que a organização vende. O conteúdo **fazer/**

ponto de compra é a principal oferta de produto deles. Você perceberá que o estágio **ver/pesquisar** também pode ser usado no estágio **cuidar/lealdade**.

Proposta de valor e jornada do usuário

Depois de diagramar e compreender nossas diferentes audiências-alvo, suas várias motivações e as possíveis jornadas do usuário a serem percorridas por elas, começamos a ter a base de um plano digital. Após alinharmos tudo isso com os nossos objetivos de negócio e mensurarmos o sucesso e as melhorias, temos as bases de uma estratégia digital.

A terceira e última seção deste livro apresentará um *framework* de mensuração para integrar todos esses elementos.

Mapeamento da jornada do usuário

Agora começamos a compreender como considerar cada passo da jornada do usuário. Outro ponto a se levar em conta é como usar adequadamente os diferentes canais digitais para alcançar nossos objetivos.

Na Parte Dois, examinaremos os aspectos práticos de cada um dos canais digitais e, na Parte Três, desenvolveremos um processo gradual para a construção do nosso *digital branding* e veremos como mensurá-lo. No entanto, antes de chegarmos lá, vamos dar uma rápida olhada nas praticidades de cada estágio da nossa jornada do usuário e nas formas de usar os diferentes canais com eficácia.

O Google oferece uma variedade fantástica de ferramentas gratuitas, algumas das quais exploraremos com mais detalhes na Parte Dois. A ferramenta mais relevante para nós, neste momento, contudo, é a Google's Customer Journey to Online Purchase, como mostra a Fig. 3.3. Ela se baseia em um modelo que divide o processo de compra em quatro fases principais: conscientização, consideração, intenção e decisão. Em seguida, ela analisa como diferentes canais são mais ou menos eficazes nos diversos estágios desse processo de compra. Curiosamente, também há diferenças significativas entre as várias regiões geográficas.

FIGURA 3.3: The Customer Journey to Online Purchase, do Google, para a categoria B2B, no Reino Unido

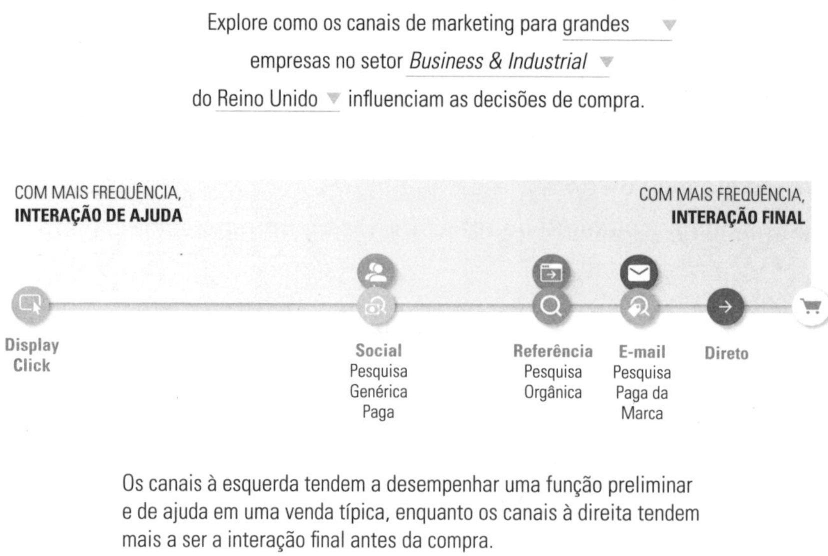

(Google e o logo do Google são marcas registradas da Google Inc., usados com permissão.)

Com base no exemplo da Fig. 3.3, podemos ver que, em B2B, as mídias sociais tendem a ser mais influentes no começo e no meio da jornada do usuário, enquanto e-mail e pesquisas pagas tendem a ser as últimas interações antes do fechamento da compra (conversaremos mais sobre tráfego "direto" na próxima seção).

Essa ideia das mídias sociais como produtora de conscientização pode ser altamente eficaz e, embora se aplique de forma diferente em mercados variados, ela geralmente nos leva a pensar de forma distinta sobre certas coisas. O estudo de caso a seguir mostra os vários canais digitais usados pelo meu próprio negócio e descreve a proposta de valor transmitida por nosso *digital branding*.

METAS E CONVERSÕES

A esta altura, vale definir alguns termos que serão importantes em todo este livro: **meta** é algo que queremos que seja feito pela nossa audiência-alvo, geralmente em nosso site. Pode ser comprar alguma coisa, preencher um formulário, fazer um download ou visitar determinada página. **Conversão** é o alcance de uma meta.

Incluir essas atividades em nossas mídias sociais e em outros canais digitais nos ajuda a compreender como elas estão contribuindo para os nossos objetivos on-line.

ESTUDO DE CASO

TargetInternet.com (aviso: esse é um dos meus negócios).

Setor

Aprendizado on-line.

Localização

Virtual, com uma base global de clientes.

Objetivos de marketing

Conduzir pesquisas altamente qualificadas para a criação de soluções em treinamento on-line a respeito de marketing digital, direcionadas a organizações com grandes times a serem treinados. Com uma abordagem de negócios enxuta, nenhuma iniciativa pode exigir aumento do quadro de pessoal.

FIGURA 3.4: Funil de vendas da TargetInternet.com

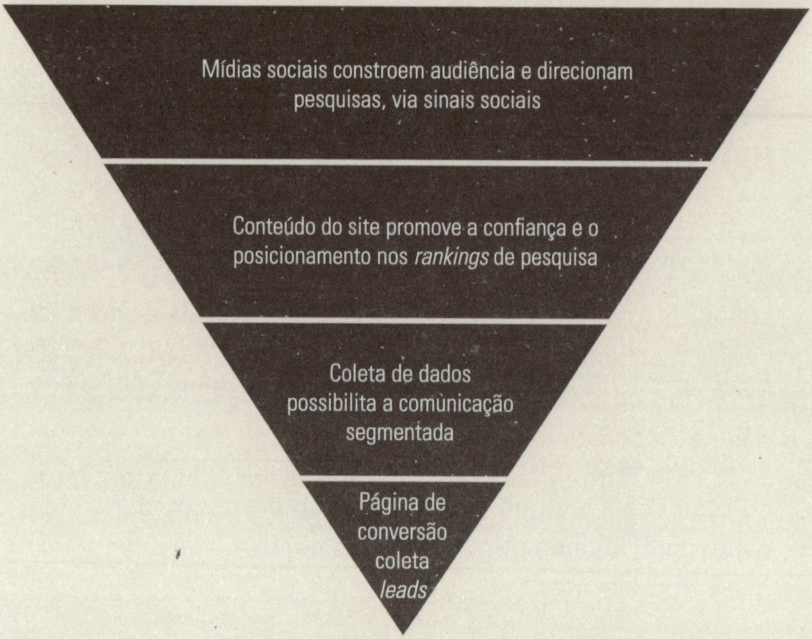

Desafio

Logo foi constatado que quase todos os clientes potenciais da Target Internet não tinham ideia do que era *e-learning* de marketing digital e nem sabiam se precisavam disso. Também ficou claro que a base de clientes potenciais era tão ampla em termos de diversidade de setores, que uma abordagem setor por setor seria muito demorada e onerosa.

O TargetInternet.com opera como um *lean business*, ou negócio enxuto, no sentido de que o pessoal que trabalha em tempo integral é o mínimo indispensável.

Solução

Distribuir conteúdo educacional gratuito sobre marketing digital e depois filtrar o tráfego gerado para captar *leads* qualificados.

A TargetInternet se posiciona como fornecedora de treinamento prático, atualizado e acessível em marketing digital. Para isso, adota uma estratégia de conteúdo para promover o engajamento e a confiança da audiência, que talvez nem saiba da existência do serviço.

O site atua como *hub* de conteúdo, no qual mantém ampla variedade de conteúdo educativo em marketing digital. Uma única seção do site foca na oferta de serviços comerciais, com grande parte do site fornecendo conteúdo gratuito; o conteúdo gratuito inclui blogs, vídeos, relatórios e podcasts regulares. Em cada página de conteúdo gratuito encontra-se um botão ou link de *call to action*, que conduz o visitante à página de conversão (ver Fig. 3.4).

O conteúdo antecipa a entrega da proposta de valor principal, que consiste no fornecimento de material confiável e de fácil compreensão; e é usado uma série de diferentes canais de marketing digital para gerenciar o funil de vendas.

As mídias sociais aceleram a conscientização e direcionam o tráfego para o site, via Facebook, LinkedIn, Twitter, YouTube e Pinterest. A atividade das mídias sociais também ajuda a impulsionar os *rankings* de pesquisa, gerando sinais sociais que indicam a credibilidade do site.

A biblioteca de conteúdo gratuito ajuda a alcançar os *rankings* de pesquisa e acelera o tráfego dos mecanismos de busca. Também promove a confiança da audiência-alvo, demonstrando expertise.

A coleta de dados por e-mail em todo o site propicia comunicação contínua com a audiência-alvo e compreensão mais clara de suas características, assim como de cada cliente potencial.

As mensagens de vendas cruzadas, então, direcionam qualquer grupo interessado da audiência-alvo para uma página de conversão, que explica os serviços prestados e estimula o preenchimento dos formulários de pesquisa.

Resultados
Visitantes mensais – 20.000
Taxa de conversão em *lead* – 0,1%
Leads mensais – 20
Taxa de conversão de *leads* para vendas – 60%

O que tem de bom nisso?

Cada canal digital tem uma função clara no funil de vendas, e o foco intenso no marketing de conteúdo contribui para o estreito alinhamento entre proposta de valor e *digital branding*.

Embora a taxa de conversão de visitantes em *leads* pareça baixa, essa é uma consequência previsível ao se ampliar a audiência interessada em marketing digital. O conteúdo é, então, usado para entregar a proposta de valor, e as vendas são impulsionadas organicamente por uma audiência engajada.

A alta taxa de conversão de *leads* em vendas indica a natureza de autoqualificação da página de conversão. Esse processo reduz a necessidade de um time de vendas numeroso e mantém os custos mais baixos.

A capacidade de rastrear cada estágio de um ciclo de vendas como esse significa que cada passo gera oportunidades de melhoria por meio da organização de cada canal e estágio do processo.

O que disseram?

O TargetInternet.com é um *lean business*, no sentido de que nos empenhamos na escalabilidade e qualidade. A ênfase em nosso *digital branding* significa maximizar o impacto sem a necessidade de aumentar os custos, em especial com o time de vendas.

O foco em conteúdo de alta qualidade significa que nosso time se concentra naquilo em que são bons: produzir conteúdo educacional sobre marketing digital. Isso se conecta diretamente com o que vendemos, e denota que a nossa proposta de valor e o nosso *digital branding* está plenamente integrado com a nossa identidade como organização (Susana Mascarenhas, Diretora Comercial).

ESTUDO DE CASO

Heineken: *Share the Sofa*

Setor

Indústria de bebidas

Agência

Tribal DDB

Localização

Global

Objetivos de marketing

Maximizar o impacto do patrocínio da *Champions League*. Promover a consciência da marca e o engajamento. Melhorar as vendas.

Desafios

O principal insight da campanha era de que 76% das pessoas que assistiam à *Champions League* (principal torneio de futebol europeu) o faziam sozinhas em casa, e a maioria era multitela, ou seja, tinham tablets ou smartphones em mãos enquanto assistiam aos jogos.

Solução

A campanha *Share the Sofa*, algo como "Compartilhe o Sofá", gerou centenas de conteúdos em vídeo, que foram transmitidos via Twitter, ao vivo, durante os jogos. Esses clipes de vídeo foram produzidos por celebridades do futebol, que trocavam opiniões e insights sobre a partida, de forma descontraída e bastante visual, diretamente do próprio sofá.

Resultados

A campanha gerou mais de 1,2 bilhão de visualizações e garantiu à Heineken a participação de 79% em todas as conversas on-line sobre o patrocínio da *Champions League*. Também elevou em 7% as intenções de compra da audiência-alvo.

O que tem de bom nisso?

Foi uma ótima campanha, porque gerou insights claros na audiência sobre multitela e os explorou para criar um conceito criativo central. A campanha influenciou várias mídias e resultou em debates globais, ampliando seu alcance e impacto.

Outros insights

A campanha usou algumas técnicas inovadoras para produzir *streaming* de vídeo ao vivo, por ter sido anterior ao lançamento do Periscope (aplicativo do Twitter para a produção de *streams* de vídeo ao vivo). Por causa do Periscope, e de outros *streamings* de vídeo social ao vivo, como o Facebook Live, a criação desses tipos de campanha são muito mais fáceis agora, do ponto de vista técnico.

Veja o vídeo do estudo de caso: **http://www.targetinternet.com/heineken-share-the-sofa-case-study/**.

Referências e leituras complementares

THINK with Google. *Micro-Moments*. 2017. Disponível em: <https://www.thinkwithgoogle.com/micromoments/intro.html >. Acesso em: 19 abr. 2017.

CAPÍTULO 4

OBJETIVOS E AUTENTICIDADE

Parece óbvio, mas toda e qualquer atividade de marketing que ajude a construir o *digital branding* deve ter conexão nítida com os objetivos do negócio. Se formos construir uma página no Facebook, tuitar cinco vezes por dia ou desenvolver um aplicativo para iPhone, precisamos ser muito claros em relação a como isso contribui para nossos resultados financeiros.

Sei, por exemplo, que tuitando muitas vezes por dia criarei tráfego para o meu site, porque eu ligo minhas postagens ao conteúdo que produzo. Também aumentarei o meu número de seguidores no Twitter, porque o conteúdo será compartilhado, e, assim, terei uma audiência ainda maior com a qual poderei trocar conteúdo. Essa atividade social ajudará a convencer os mecanismos de busca de que o meu site tem autoridade, dando os "sinais sociais" necessários para melhorar minha posição nos *rankings* de pesquisa. Isso, por sua vez, levará mais visitantes ao meu site, por causa da maior visibilidade de pesquisa. O engajamento com o meu conteúdo reforça a confiança e melhora a percepção sobre o meu site.

Podemos desejar que todas essas coisas aconteçam, e devemos, mas só faço isso porque uma parcela do tráfego e da audiência pode ser convertida em cliente pagante. Sem focar nesse último estágio do funil de vendas, eu só estaria gerando tráfego por si só. Afinal, posso ter um milhão de seguidores no Twitter, mas essa multidão não significa, necessariamente, que venderei alguma coisa.

Por maiores que sejam o tempo, esforço e recursos dedicados ao *digital branding* se não estiverem alinhados adequadamente com os nossos objetivos de negócio, tudo será mero desperdício e não produzirá resultados. Considerando esse risco, este capítulo se dedica a explorar um estudo de caso de uma de minhas campanhas favoritas de *digital branding* que, no final das contas, fracassou. Um projeto que, de início, parecia uma jogada de gênio em *digital branding*, mas que, em última análise, não alcançou os resultados almejados, foi descartada sem cerimônia e substituída pelas abordagens tradicionais de *branding*. A marca em questão até produziu um estudo de caso que falava em como colocar o produto nas mãos de celebridades já não era mais um bom método de *branding* – e que agora adotaram uma nova abordagem, que, à primeira vista, parece refletir o *ethos* do que estamos tentando promover neste livro. Essencialmente, porém, a nova abordagem não impulsionou as vendas e precisamos compreender por que foi assim.

Branding para diferenciação

A marca em questão foi a Pepsi, e a campanha à qual me refiro foi a Pepsi Refresh Project. Se você estiver nos Estados Unidos, é muito provável que conheça o projeto, mas fora dos Estados Unidos ele realmente não teve muita cobertura. Quando ouvi a respeito e assisti ao vídeo do estudo de caso, logo me apaixonei e achei que aquela importante marca realmente havia acertado o alvo – e fiquei convencido, de início, que a campanha seria um sucesso. Você já sabe que não foi, mas vamos falar sobre a mecânica do que fizeram e considerar o que, à primeira vista, parece um excelente *digital branding* (e, como de fato, boa parte da iniciativa é excelente).

A Pepsi já sabia que tentar se diferenciar apenas pelo produto era inútil. Até o vídeo do estudo de caso afirma com muita clareza que, embora Pepsi e Coca-Cola sejam um pouco diferentes no sabor, ambas são "refrigerantes marrons e efervescentes". Convém mencionar, agora, que a descrição original no vídeo era "água marrom, efervescente e açucarada" – essa versão preliminar do vídeo despareceu com muita rapidez!

O enfoque foi bastante ousado. Eles, então, prosseguiram dizendo que você poderia colocar o seu produto nas mãos de uma celebridade durante um comercial de 30 segundos do Super Bowl (o espaço de publicidade na TV mais caro do mundo), mas que eles fariam uma coisa diferente.

Quando chegou a esse ponto, eu estava quase babando de excitação. Dizer aos clientes o que eles, sem dúvida, já sabiam, mas que realmente nunca tinha sido admitido, era honesto e animador. A Pepsi deixou claro que o produto deles era muito semelhante a outros do mercado e que, até então, faziam marketing usando megaproduções com celebridades. Uau, eu estava embasbacado!

Foi, então, que explodiram de vez a minha cabeça. Disseram que o Pepsi Refresh Project doaria os US$ 20 milhões que gastariam nos comerciais do Super Bowl para causas beneficentes. E que a audiência poderia escolher as causas beneficentes, votando por meio das mídias sociais. Eu estava cada vez mais perplexo, assim como muitas outras pessoas. O projeto teve enorme cobertura; foi notícia pelos próprios méritos, milhões de pessoas votaram. Usei a história como estudo de caso em todas as minhas apresentações e palestras, durante meses, e até hoje ainda a menciono.

Então, com essa ótima ideia, o que aconteceu em seguida? Eles acabaram abandonando a ideia, discretamente, e retornando à estratégia de alinhamento com celebridades. Por quê? Porque aquela sacada brilhante não gerou vendas. Realmente precisávamos compreender por quê.

> **OUTRO PONTO DE VISTA**
>
> Há muitas outras análises por aí sobre essa campanha; em especial, a de Craig Bida, no MediaPost, de longe, a melhor, na minha opinião. Sem dúvida, merece uma leitura: **http://www.mediapost.com/publications/article/186127/why-pepsi-canned-the-refresh-project.html**.

Autenticidade

Acho que podemos resumir em poucas palavras porque a campanha da Pepsi não deu certo. Não era autêntica. Não estou dizendo que eles não doaram todo o dinheiro, e, de certo, tampouco estou insinuando que mentiram, de modo algum, o que quero dizer é que esse *digital branding* realmente não combinava com o jeito deles.

Há alguns indícios que realmente destacam essa incompatibilidade. Foi um projeto; nós o descrevemos como uma campanha – essas duas condições geralmente implicam que, como tal, tem início e fim. Para que esse posicionamento realmente mudasse as coisas, precisaria ser o ponto de partida de um compromisso contínuo com a proposta de valor de tornar o mundo um lugar melhor. O fato é que, embora todos soubéssemos que era um grande projeto, a Pepsi não se convertera, de repente, em algum tipo de empreendimento social ou de instituição filantrópica (eles realmente têm uma fundação de caridade, e algumas das boas obras que praticam estão listadas a seguir). Sabíamos que era uma campanha de marketing, para nos levar a comprar mais bebidas efervescentes. Isso nos transmite uma mensagem fundamental de como o *digital branding* deve ser diferente das nossas ideias tradicionais de *branding*. A marca não pode se limitar a dizer que representa alguma coisa e, então, presumir que acreditamos nisso. A marca precisa viver os próprios valores e, assim, ter a oportunidade de comunicar essa vivência via *digital branding*.

VAMOS SER HONESTOS

Quero deixar claro que realmente respeito a Pepsi, sobretudo pela ousadia de tentar o Pepsi Refresh Project. Também respeito a decisão da Pepsi de abandonar o projeto ao constatar sua ineficácia. No entanto, o substituto dessa iniciativa experimental não aproveita as oportunidades oferecidas pelo *digital branding*, mas veremos para onde eles irão em seguida.

Quanto à fundação de caridade que mencionei, você pode encontrá-la no link a seguir. Citando a Pepsi em seu próprio site: "Desde 2005, a PepsiCo, por meio da sua Fundação e divisões, doou mais de US$ 0,5 bilhão em dinheiro e produtos para agências qualificadas, sem fins lucrativos, atuando nas áreas de meio ambiente, educação, patriotismo, artes e a serviços de saúde e humanitários". Nada desprezível. Você sabia disso? Nem eu. Talvez devessem ter focado nisso...

The PepsiCo Foundation: **http://www.pepsico.com/Purpose/PepsiCo-Foundation**.

Proposta de valor autêntica

Afirmei que o *digital branding* está aí para entregar a sua proposta de valor. Outro ponto no qual devemos ser claros é que a sua proposta de valor deve ser realmente autêntica. Se você disser que está empenhado em transformar o mundo em um lugar melhor, você, de fato, deve viver conforme essas palavras. Se o seu *digital branding* afirmar que você se importa com o serviço ao cliente, você deve cuidar, na prática, do serviço ao cliente. Todos na organização precisam sentir-se responsáveis por cumprir essa proposta de valor. Isso porque é uma promessa, e promessa é para ser cumprida.

Não há nada de novo nessa ideia, mas, no *digital branding*, não podemos mais nos esconder atrás de promessas vazias. Por exemplo, pense em como a audiência reage quando um político que está fazendo uma campanha baseada nos valores da família tem um caso extraconjugal – a sensação é ainda pior quando ficamos desapontados com a própria pessoa que disse compreender nossos anseios e compartilhar nossos valores.

No mundo digital, são muitas as formas de transpirar falta de autenticidade. Essa transparência significa que podemos construir marcas poderosas baseadas em promessas reais, mais rápido do que em qualquer outra época. Essa mesma transparência, porém, também significa que a falta de autenticidade se manifesta com a mesma velocidade.

PARTE DOIS

KIT DIGITAL

Introdução

Esta seção explora a variedade de ferramentas e canais digitais à sua disposição para entregar o seu *digital branding*. Este é seu kit prático que o ajudará a compreender como os diferentes canais digitais integrados são capazes de impactar diferentes partes da jornada do usuário e de entregar a sua proposta de valor.

As orientações, dicas e ferramentas aqui enfatizadas foram extraídas da minha própria experiência de planejamento e implementação de campanhas digitais para ampla gama de organizações em todo o mundo, desde franquias de filmes globais até produtos químicos usados na composição de tintas para torná-las mais brancas. O surpreendente é que a maioria dessas organizações enfrenta exatamente os mesmos problemas e desafios. Talvez precisem, no entanto, gerir essas questões de formas diferentes, usando canais distintos, para alcançar os resultados almejados.

Na Parte Um, discutimos a jornada do usuário. Nesta seção do livro trataremos da seleção das técnicas mais adequadas para realizar as interfaces com a jornada do usuário, de forma a contribuir para a geração de valor que analisamos.

Também exploraremos a ideia de não supor demais e de sempre fazermos questão de atuar no modo "testar e aprender". Um ótimo exemplo que vivenciei no meu próprio negócio demonstra muito bem essa abordagem. Divulgo com regularidade um podcast sobre marketing digital, uma apresentação em áudio que tem como audiência profissionais de marketing e executivos. Portanto, nessas condições, é um podcast B2B. Como todos nós provavelmente já sabemos, o Facebook, de um modo geral, não é lugar para B2B. Para verificar se esse pressuposto era correto, a título de teste, criamos uma página no Facebook para publicar os podcasts. Para tanto, usamos poucos recursos, já que, basicamente, postávamos no Facebook os links que direcionavam para o conteúdo na plataforma que já estávamos usando, o que nos permitia obter algum feedback sobre os conteúdos publicados. Tínhamos poucas expectativas, mas concluímos que era um teste barato a ser experimentado.

Os resultados foram, no mínimo, surpreendentes. Agora temos quase 25.000 pessoas que curtiram a página, engajaram-se com o nosso conteúdo e trouxeram o tráfego de volta ao nosso site. Esse engajamento disparou alertas para o Google, que, por sua vez, nos fez subir no *ranking* de pesquisas. Sei de pelo menos um grande projeto que conquistamos pela força da consciência de marca resultante desse teste, que também abriu espaço para a comunicação em via de mão dupla com a nossa audiência.

Curiosidade pragmática

Esta seção é um guia prático, mão na massa, para o uso eficiente de canais digitais no mundo real. No entanto, também é importante não ignorar as opções decorrentes de suposições não testadas e não ter medo do novo.

O marketing digital está avançando em ritmo incrivelmente acelerado, e não deve perder esse ímpeto. É muito fácil, e até sensato, suspeitar do fluxo interminável de novos canais, e adotar a abordagem "Só o usarei depois de comprovado". O fato, porém, é que precisamos ter a ousadia de tentar coisas novas, ainda que com pragmatismo e sensatez. Nesta seção, exploraremos como isso é possível na prática.

FERRAMENTAS E TÉCNICAS MAIS RECENTES

Vamos encarar a realidade: quando você ler esta página, já haverá muitas coisas novas que terão ocorrido depois que a escrevi e depois que o livro foi lançado. Por isso, eu as filtrarei e incluirei no site que acompanha o livro. Também adoraria receber o seu feedback, e ficarei feliz em publicar os seus esforços e experiências: **http://www.targetinternet.com/digitalbranding**.

CAPÍTULO 5

MÍDIAS SOCIAIS

Entre todos os canais digitais que analisaremos nesta seção, as mídias sociais têm exercido o maior impacto sobre o *branding*. Na verdade, chamar um canal de mídia social não o põe em perspectiva adequada. As mídias digitais mudaram a essência de como nos engajamos e interagimos com as marcas, e acarretou mudanças fundamentais no *branding*, tema central deste livro.

Essas transformações fundamentais foram no sentido das comunicações em via de mão dupla e do empoderamento do consumidor, nos contextos B2C e B2B. Todos os tópicos que analisamos até agora, inclusive a necessidade de autenticidade e de uma proposta de valor clara, assim como o aumento na complexidade da jornada do usuário, estão associados às mídias sociais.

Por meio das mídias sociais, em vez de apenas transmitir *para você*, posso engajar-me *com* você. Se você considerar qualquer uma das métricas de *branding* tradicionais, como consciência e lembrança – consciência da marca é a extensão em que a marca é reconhecida pelos clientes potenciais; lembrança da marca é a associação correta da marca com determinado produto, *branding* ou característica –, é muito mais provável que esses critérios sejam mais impactados pelo "engajar-se com" do que pelo "olhar para" alguma coisa. No entanto, o engajamento exige esforço. Logo, primeiro você precisa entregar valor, para, depois, conseguir engajar sua audiência. Esse valor pode assumir muitas formas, desde entretenimento até educação, e talvez as duas coisas ao mesmo tempo, mas é preciso oferecer-lhes um incentivo para se engajarem.

Social é pessoal

O que precisamos considerar é como explorar melhor o comportamento para a nossa organização, de modo que contribua para os nossos objetivos de negócio, enquanto fornecemos valor, sem interferir no espaço privado e pessoal do indivíduo. Apenas 3% dos usuários do Facebook "confiam bastante" no Facebook, no que se refere aos seus dados pessoais (Yougov, 2016), o que indica a conscientização generalizada de como todos os dados que compartilhamos via mídias sociais estão sujeitos a riscos.

Jornada do usuário e proposta de valor

Dois dos principais temas que analisamos na Parte Um foram: compreender a jornada do usuário e formular a proposta de valor; essas considerações são fundamentais para gerir as mídias sociais com eficácia. Precisamos conhecer as plataformas sociais usadas pela audiência-alvo e assegurar que a experiência do usuário nessas plataformas lhes forneça valor. Grande parte das atividades nas mídias sociais é feita simplesmente por fazer.

Conteúdo e engajamento

Nossa capacidade de utilizar as mídias sociais com eficácia se resume, efetivamente, em ter conteúdo interessante e útil para compartilhar, além de estar disposto e ser capaz de se engajar de forma aberta e autêntica. Em razão da natureza pessoal das mídias sociais, o tom padronizado da "comunicação empresarial" não funciona mais. Mesmo num ambiente B2B, ainda estamos lidando com indivíduos, e precisamos aplicar os princípios fundamentais das mídias sociais em nossas comunicações.

Lembre-se de que qualquer um pode ter um blog e postar em sites de mídias sociais, mas isso não significa que alguém esteja escutando. Aliás, estudos sobre quantas vezes por dia se deve tuitar sugerem pelo menos cinco vezes (Patel, 2016). No entanto, você só deve agir assim se tiver algo interessante a dizer cinco vezes por dia!

Experiência nas mídias sociais *mobile*

Precisamos considerar o fato de que a maioria das pessoas que frequentam as mídias sociais em dispositivos *mobile* usam aplicativos para acessar essas plataformas. Eu, pessoalmente, uso Facebook, Twitter, Instagram e LinkedIn em meu iPhone todos os dias. Assim sendo, o que essa forma específica de acessar as mídias sociais significa em termos do nosso marketing *mobile*? Significa que devemos pensar sobre o acesso do nosso conteúdo sob as restrições desses aplicativos.

Por exemplo, ao postar conteúdo no Twitter, na maioria das vezes você compartilhará um link. Como esse link aparece em um dispositivo móvel? Com mais de 80% dos usuários do Twitter acessando os serviços via *mobile* (Twitter, 2017), precisamos considerar a experiência no *mobile* dos links para os quais estamos direcionando as pessoas. Meus próprios tuítes se dividem em duas categorias principais: conexão com conteúdo relevante no meu site e conexão com conteúdo útil em outros sites. Sei que a experiência no meu site tem sido otimizada para usuários *mobile*, mas será que também é assim nos outros sites para os quais estou direcionando a minha audiência?

Outro exemplo é usar redes sociais como o Facebook e o LinkedIn. Nesse caso, postamos conteúdo na tentativa de gerar engajamento, e, com muita frequência, esse conteúdo incluirá imagens. As imagens podem aparecer muito bem em telas grandes, de desktops e laptops, mas como elas aparecem em tablets e smartphones? Boa parte da experiência nas redes sociais é diferente nos aplicativos *mobile*, em comparação com a versão para telas grandes. Temos que ter a certeza de considerar esse aspecto em todas as nossas postagens nas mídias sociais. Precisamos assumir que as pessoas usarão, em algum momento, um dispositivo móvel e, portanto, devemos garantir que tudo funcione também no *mobile*.

Esclarecendo sua abordagem nas mídias sociais

Antes de iniciar qualquer atividade em mídias sociais, precisamos começar ouvindo. É necessário compreender no que a nossa audiência está interessada e pelo que está apaixonada, de modo a esclarecer a nossa forma de fornecer valor. De fato, o *social listening*, ou escuta social, pode ajudar a reforçar todo o nosso *digital branding*, e não só os fatores sociais. A variedade de ferramentas de escuta ou monitoramento que serão analisadas a seguir é ampla. Compreender os métodos de pesquisa de alguém pode esclarecer nossa compreensão sobre suas necessidades e seus interesses.

Usando pesquisas para esclarecer temas de conteúdo

O Google Trends é uma ferramenta fantástica e gratuita que nos permite ver como os usuários pesquisam no Google – e as tendências que aparecem ao longo do tempo. O melhor nessa ferramenta não é só compreendermos as tendências de pesquisa, mas também usarmos esses dados para esclarecer nosso conteúdo social. Veremos essa ferramenta com mais detalhes no Capítulo 6 (Pesquisa) e, novamente, quando falarmos sobre julgar o impacto de nossos esforços em *digital branding* (Capítulo 12: Mensurando o *digital branding*), mas, aqui, nós a usaremos para descobrir no que as pessoas estão interessadas, para esclarecer sobre o que devemos falar nas nossas plataformas sociais.

Na captura de tela mostrada na Figura 5.1, ao olharmos para a palavra "*jobs*" (trabalho), podemos começar a ver uma clara tendência sazonal. O pico nas pesquisas, todos os anos, ocorre em janeiro, quando muitas pessoas estabelecem metas para o Ano Novo e resolvem procurar um novo emprego. Esse pique perde a força quando voltamos ao trabalho, até que muitas pessoas saiam de férias no meio do ano, e mais uma vez partem em busca de um novo trabalho. Percebemos, então, que o Natal está chegando, e esfriamos, para esquentar outra vez no Ano Novo. Esse padrão se repete ano após ano! Nos últimos quatro anos, por força da crise financeira global, mais pessoas estão procurando mais emprego e, portanto, fazendo mais pesquisas on-line. Finalmente, podemos ver enorme aumento nas pesquisas por "jobs" em outubro de 2011. Por quê? Porque Steve Jobs, ex-CEO da Apple, faleceu, o que distorceu os nossos resultados, devido à grande quantidade de pessoas pesquisando o sobrenome dele. O gráfico a seguir mostra pesquisas pela palavra "Jobs". Veja mais em: **http://www.google.co.uk/trends**.

FIGURA 5.1: O Google Trends mostra volumes de pesquisas por determinada frase ou palavra

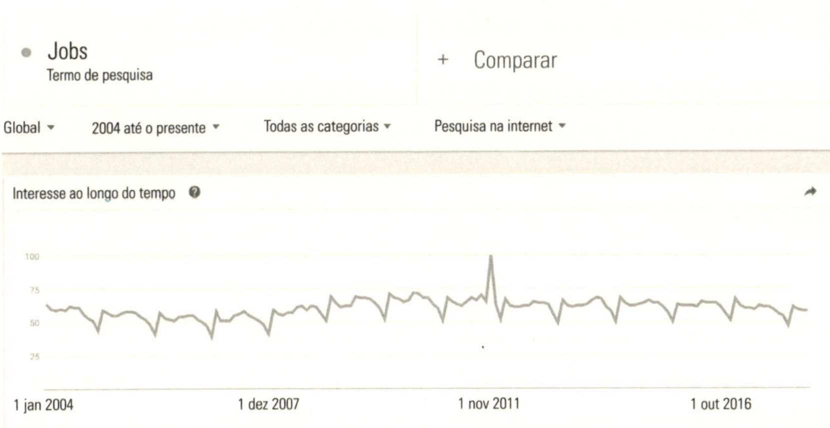

(Google e o logo do Google são marcas registradas da Google Inc., usados com permissão.)

A ferramenta Google Trends, como padrão, mostra o volume de pesquisas relativo de determinada palavra ou frase ao longo do tempo. Podemos sondar por fuso horário, país ou língua. A ferramenta tenta identificar notícias correlatas, em pontos do gráfico, e mostra interesses geográficos e as variações mais populares e que estão em mais rápida ascensão desses termos de pesquisa. Provavelmente, o atributo mais importante é a capacidade de comparar as tendências entre diferentes termos de pesquisa, o que é importante para esclarecer o conteúdo.

A Fig. 5.2 mostra a comparação das frases "internet marketing" e "digital marketing". Podemos ver a queda no interesse por "internet marketing" e o aumento na busca por "marketing digital". Sem dúvida, preciso falar mais sobre marketing digital em vez de internet marketing na minha plataforma social, pois é isso que as pessoas estão buscando e é nisso que estão interessadas.

FIGURA 5.2: Comparação entre palavras no Google Trends

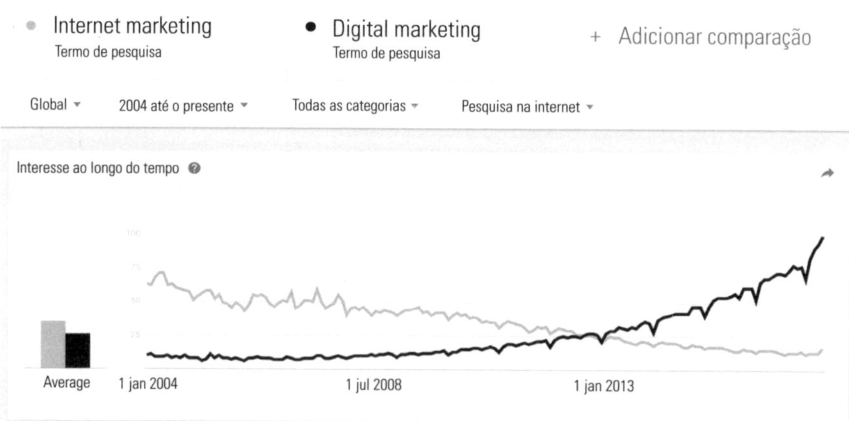

(Google e o logo do Google são marcas registradas da Google Inc., usados com permissão.)

Um aspecto a esclarecer é que o Google Trends mostra volumes de pesquisa relativos, não as quantidades efetivas de pesquisas. Se você quiser os números reais, será preciso usar o planejador de palavras-chave, que analisaremos no Capítulo 6.

O volume relativo atribui o valor 100 à palavra com maior volume de pesquisas, e as demais palavras com o escore percentual como proporção de 100. Quando se comparam várias palavras, a mais alta pontuação que recebe o escore 100 é a palavra mais pesquisada entre as que estão sendo comparadas, com o maior volume de pesquisas.

Uma das limitações da ferramenta Google Trends é a incapacidade de mostrar tendências para termos de pesquisa de nicho. Você verá que um termo de pesquisa de nicho, em muitos casos, não terá o volume suficiente para aparecer no gráfico.

Social listening *ou escuta social*

As ferramentas de *social listening*, ou escuta social, são algo que todas as organizações, de todos os tamanhos, devem usar. Elas possibilitam o monitoramento de vários canais sociais diferentes para observar as atividades em torno de certas frases ou assuntos. Esse recurso pode ser usado em várias fases das campanhas em mídias sociais, e são ferramentas essenciais para utilizá-las de maneira eficaz.

Primeiro, essas ferramentas podem ser usadas no estágio de escuta, quando se tenta identificar os canais sociais que sua audiência está usando, o que está dizendo, em que está interessada e o que seus concorrentes estão fazendo. Muitas organizações desenvolvem projetos de escuta antes de iniciar qualquer atividade em mídias sociais, como parte do processo-padrão que antecede o início da campanha.

Segundo, essas ferramentas podem ser usadas para monitorar a eficácia da nossa atividade de mídia social. Podemos monitorar grupos de palavras e frases para ver o que está acontecendo de forma contínua e como nossa audiência reage à nossa atividade social.

E, por fim, as ferramentas de *social listening* também ajudam a gerenciar o alcance e o engajamento, identificando os principais influenciadores nos canais sociais. Esse recurso pode ser importante quando se tenta aumentar a audiência, mas também ao lidar com feedback negativo ou com situações de crise. A ideia é influenciar os influenciadores, se parecendo muito com a função das relações públicas tradicional, mas, no caso das mídias sociais, é possível aplicá-la em nível bem mais detalhado.

Algumas ferramentas de *social listening* também incluem elementos de gestão do fluxo de trabalho, o *workflow* e ajudam a gerenciar as suas iniciativas em mídias sociais. Por exemplo, é possível rastrear os usuários das mídias sociais com os quais você se engajou e os indivíduos da sua organização que também se envolveram, e planejar atividades futuras.

Monitoramento das mídias sociais e ferramentas de escuta

O aparato de ferramentas de monitoramento das mídias sociais disponíveis por aí é enorme, com grandes variações de preço e capacidade. Na ponta gratuita do espectro, você encontrará uma ampla diversidade delas. Entretanto, são muito limitadas, e aqui se aplica plenamente o velho pensamento: você recebe pelo que você pagou.

A quantidade de ferramentas disponíveis é fantástica, mas eu, por certo, recomendaria dar uma olhada nas seguintes:

- **http://www.brandwatch.com** – Minha ferramenta de monitoramento favorita, que vale o preço. Muito poderosa e flexível, usada por algumas das principais empresas do mundo.
- **http://www.mention.com** – Uma das ferramentas de monitoramento social de custo mais baixo, com possibilidade de experimentação gratuita.
- **http://www.socialmention.com** – Uma das poucas ferramentas de monitoramento social gratuitas. É mais de pesquisa social do que uma verdadeira ferramenta de monitoramento, mas pode oferecer-lhe alguns bons insights.
- **http://www.sproutsocial.com** – Basicamente uma ferramenta de gerenciamento social paga, mas possibilita algumas atividades de monitoramento social.

- **http://www.hootsuite.com** – Outra ferramenta de gerenciamento social que permite algumas atividades de monitoramento social. Possui versão gratuita disponível.
- **http://www.howsociable.com** – Oferece uma versão gratuita e uma versão paga, e possibilita o *benchmark* da marca, com base em inúmeras métricas sociais.

Ferramentas de análise social

As ferramentas de análise social são diferentes das ferramentas de *social listening* e monitoramento social, uma vez que geralmente consideram uma plataforma social e oferecem alguma análise ou funcionalidade para essa plataforma específica. Na verdade, muitos sites de mídias sociais têm esse recurso implícito. Por exemplo, o Facebook Insights lhe oferecerá uma série de relatórios que mostram qual dos seus posts foi o mais popular, onde no mundo os usuários que curtiram a sua página estão e quem está engajado com o seu conteúdo.

Há, literalmente, milhares dessas ferramentas por aí. Geralmente, elas analisam sua audiência e conteúdo e oferecem alguns insights sobre como turbinar suas campanhas. Destaquei algumas para dar o gostinho do que você pode esperar:

- **http://www.tweriod.com** – Descubra as melhores horas do dia e os melhores dias da semana para postar os seus tuítes.
- **http://klear.com** – Analise os influenciadores sociais com essa excelente ferramenta gratuita (ver Fig. 5.3).
- **Facebook Insights** – Acessado quando você tem uma página no Facebook, exibe o conteúdo que está funcionando.
- **YouTube Insights** – Acessado por meio da própria plataforma, exibe quais dos seus vídeos estão de fato atraindo engajamento.
- **http://www.followerwonk.com** – Nome bizarro, mas ferramenta muito poderosa para analisar audiências do Twitter e para aumentar sua audiência. Faz parte do conjunto de ferramentas **moz.com.**

Essa lista poderia prosseguir indefinidamente; por isso, compilamos e estamos sempre atualizando uma enorme lista de sites para acompanhar este livro: **http://www.targetinternet.com/digitalbranding**.

FIGURA 5.3: Exemplo das muitas ferramentas de análise social existentes por aí e uma das minhas favoritas, a klear.com analisa a minha conta no Twitter

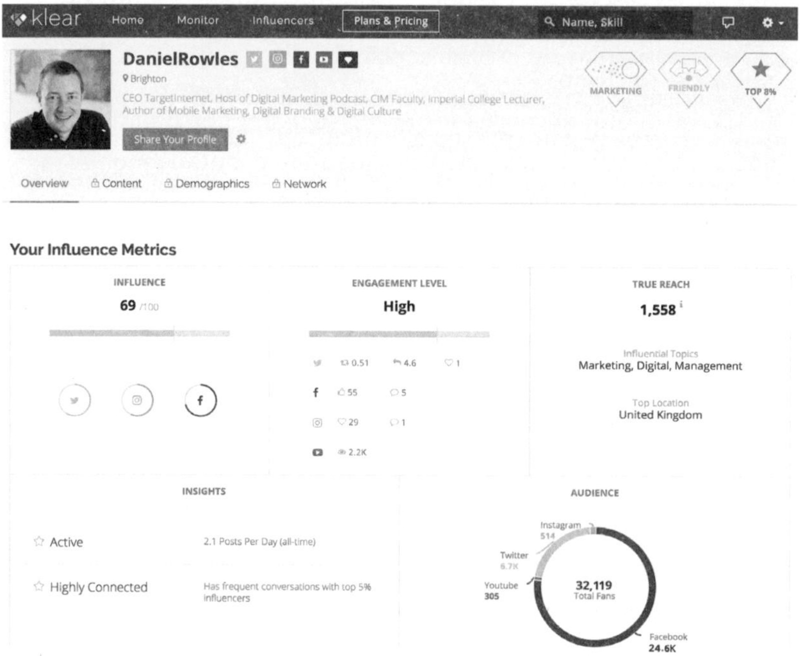

MÍDIAS SOCIAIS NA CHINA

Se você estiver mirando no enorme potencial do mercado chinês, ou estiver trabalhando na China, é bom saber (e é provável que já saiba) que as mídias sociais na China, à primeira vista, talvez pareçam muito diferentes das de qualquer outro lugar do mundo. Na verdade, os princípios centrais de conteúdo, engajamento e transparência ainda se aplicam no país, mas você usará plataformas completamente diferentes.

Na maioria dos países em todo o mundo, as plataformas de mídias sociais seguem padrões bem universais (com poucas exceções, como Mixi, no Japão, ou VK, na Rússia), mas, na China, não há Twitter, Facebook e nem YouTube. No entanto, existem plataformas equivalentes nos mercados locais: Weibo é um microblog como o Twitter, QQ e WeChat são os serviços de mensagem mais populares (embora também façam mais que isso) e Youku é o equivalente popular do YouTube.

Como qualquer mercado, é preciso saber que plataformas sociais a sua audiência-alvo está usando e, então, engajá-la, usando o tom e o conteúdo certos.

Como ótimo recurso sobre mídias sociais na China, e em toda a Ásia, dê uma olhada em **http://www.techinasia.com**.

Análise de dados (*analytics*)

Web analytics, ou análise de dados da internet, é uma das ferramentas mais poderosas para esclarecer sua atividade nas mídias digitais. Você saberá não só quais plataformas de mídia social estão direcionando tráfego para seu site, mas também quantos desses visitantes estão usando dispositivos *mobile* e quais são eles.

Exploraremos a análise de dados com mais detalhes na Parte Três, mas vale mencionar, a essa altura, que a análise de dados pode ajudá-lo a compreender o impacto das suas campanhas nas mídias sociais sobre os seus objetivos digitais mais amplos.

A IMPORTÂNCIA DO GOOGLE ANALYTICS

O Google Analytics é uma poderosa e sofisticada plataforma de análise de dados que, além disso, é gratuita. Tem cerca de 83% de participação em todo o mercado de *analytics* (W3TECHS, 2017), continua melhorando e tem oferecido cada vez mais funcionalidades.

Há, evidentemente, outros pacotes comerciais de *analytics*, que oferecem a vantagem de terem gerentes de contas e elevados níveis de serviço, ou Service Level Agreements (SLA). O Google Analytics Premium também oferece essas vantagens, mas o preço atual é de US$ 150.000 por ano.

Integração no mundo real

Uma das maiores oportunidades oferecidas pelo *digital branding* é integrar vários canais para trabalhar em cada estágio da jornada do usuário. As mídias sociais nos dão a oportunidade de conectar experiências on-line e off-line, e fundi-las em experiências mais completas.

Implementando com eficácia as políticas para mídias sociais

A internet está cheia de histórias desastrosas com mídias sociais e postagens em blogs com títulos como "Dez erros cometidos das mídias sociais", e é quase certo que atraem muita atenção on-line. Mas por que será que gostamos tanto de ver as falhas de outras pessoas? Além de algumas das bobagens incríveis que as pessoas fazem na internet serem realmente engraçadas, o fato é que a audiência quer aprender com os erros alheios para não repeti-los em outras circunstâncias. A Fig. 5.4 apresenta uma nuvem de palavras (quanto maiores as letras, mais a palavra foi mencionada), mostrando as palavras e frases que foram registradas on-line, relacionadas com falhas nas mídias sociais (essa nuvem de palavras foi produzida usando a fantástica ferramenta **https://www.brandwatch.com**, que monitora 980 milhões de fontes on-line, como plataformas sociais, blogs e sites de notícias).

FIGURA 5.4: Nuvem de palavras mencionadas on-line, associadas a desastres em mídias sociais

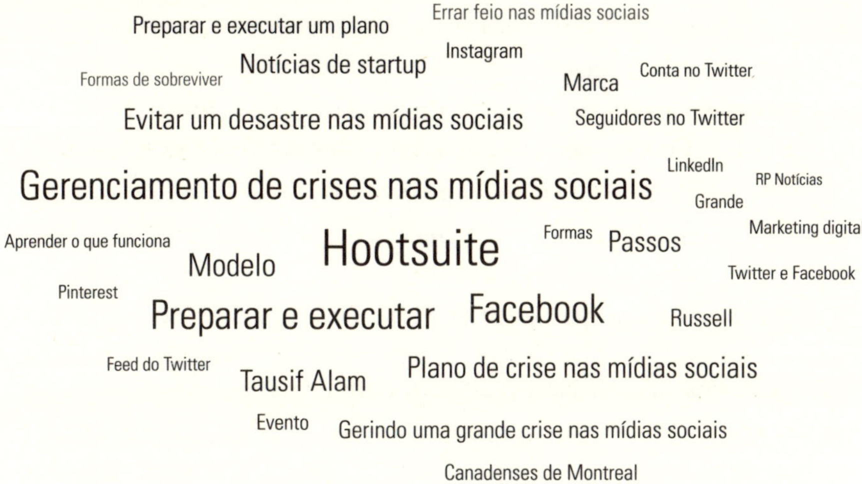

Portanto, muitas pessoas estão pesquisando sobre como gerenciar uma crise nas mídias sociais, mas também parece que muitas delas estão buscando formas de evitar que, antes de mais nada, essas crises aconteçam. A Fig. 5.5 entra em um pouco mais de detalhes.

FIGURA 5.5: Palavras usadas em associação com crises nas mídias sociais

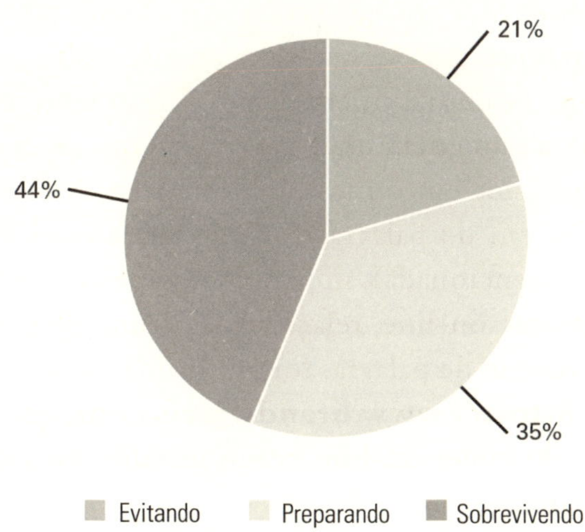

Cultura e processo

Então, não há dúvida de que não só precisamos evitar falhas nas mídias sociais, mas também necessitamos de uma visão realista de que elas realmente acontecem e que nenhum nível de preparação possibilitará evitá-las completamente. É importante deixar claro em sua empresa, desde o início, que, embora seja factível minimizar a ocorrência de problemas e que dá para corrigi-los o mais rapidamente possível, adotando os processos adequados, não há como evitar completamente que aconteçam. O mundo é caótico e não há como prever o futuro, mas podemos adotar processos que lidam com os tipos de problemas mais comuns e que nos ajudam a evitar, antes de tudo, os erros mais frequentes. Também precisamos de uma cultura capaz de compreender que a construção e a reiteração de processos é essencial, assim como temos de aceitar que é impossível o controle total. Cultura também é um aspecto importante a mencionar aqui, pois, como podemos inferir a partir dos dados a seguir, o medo de crises nas mídias sociais é significativo. Os gestores e profissionais de marketing de mídias sociais estão muito preocupados com o possível impacto dessas falhas em suas empresas e, também muito importante, em suas carreiras. A Fig. 5.6 mostra o número de menções às palavras "evitando", "sobrevivendo" e "preparando", associadas a crises nas mídias sociais. Os piques nas menções não se referem à ocorrência ou à cobertura de crises, mas sim a artigos publicados oferecendo algum tipo de orientação.

FIGURA 5.6: Piques de interesse provocados por artigos publicados, dando conselhos sobre o tópico

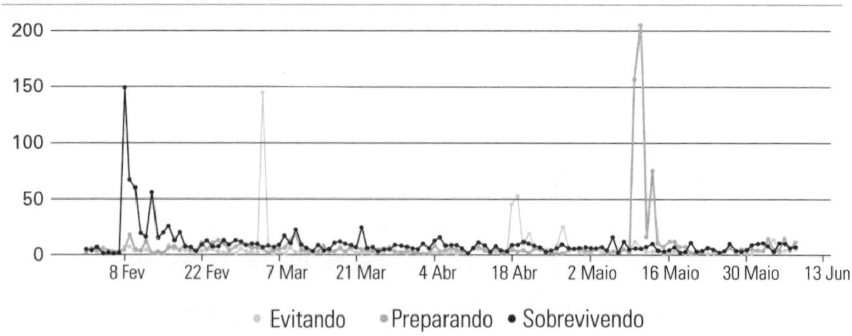

Como evitar crises nas mídias sociais

A chave para evitar crises nas mídias sociais é processo. A seguir, estão uma série de passos a serem percorridos para que as mídias sociais sejam usadas da forma menos arriscada possível. Para algumas organizações de pequeno porte e ágeis, alguns desses passos podem ser excessivos, mas, em qualquer organização de grande porte, a abordagem de cuidado redobrado pode ser vantajosa a longo prazo. Além disso, sempre lembre-se de que as mídias sociais em si geralmente não são a causa da crise; com mais frequência, o acontecimento tem a ver com serviços ao cliente ou problemas com produtos. Portanto, garanta a participação desses times em qualquer iniciativa.

Aprovação pelo grupo

Antes de alguém na organização iniciar ou empreender quaisquer campanhas ou atividades sociais, a iniciativa deve passar por um processo rigoroso de *due diligence*, ou diligência prévia. Essa investigação envolve, basicamente, a documentação clara de uma série de respostas a perguntas relacionadas com a atividade. Se incluem, entre outras verificações:

- Quais são os objetivos da atividade?
- Como gerar recursos para a atividade?
- Quais são os tópicos de conversa sobre o tema?
- O que os nossos concorrentes estão fazendo nessa área?
- Quais são os influenciadores nesse contexto?
- Temos as ferramentas adequadas para gerenciar a atividade?
- O que acontecerá se algo der errado?
- Quais são as manifestações de que algo não vai bem?
- Fizemos *brainstorming* sobre todas as possíveis situações de crise (ver, a seguir, previsão de crise)?
- Temos uma política de aumento de escala e um time de gerenciamento de crise?

Também vale aplicar uma versão simplificada desse processo a qualquer projeto, de qualquer tipo, em toda a organização, de modo a repetir sempre as perguntas: "Quais são os riscos das mídias sociais?" e "O que pode dar errado?". Uma vez respondidas, essas perguntas e respostas devem ser analisadas por representantes das áreas relevantes da organização. Normalmente, aí se incluem o marketing, o jurídico e a área de *compliance*. Se as respostas não forem satisfatórias, a proposta não é aprovada, devendo ser reformulada e reapresentada. Se forem satisfatórias, a proposta é aceita e o time pode avançar e implementar o plano, desde que o façam com observância das políticas da organização referentes às mídias sociais. Tudo isso talvez pareça muito trabalhoso, mas oferece uma vantagem para quem quer implementar planos sociais. Depois de obterem aprovação e desde que observem as políticas organizacionais sobre as mídias sociais, não é mais necessário obter aprovação para todas as postagens, tuítes ou respostas divulgadas.

Política social

Muitas políticas de mídias sociais simplesmente incluem o que não devemos fazer. São listas de regras que ficam na gaveta ou numa intranet e raramente são usadas. Embora essas políticas devam estabelecer o que não podemos fazer, elas também devem ser um guia atualizado do que precisamos fazer. Ao dar exemplos de certos aspectos, como tom de voz e mensagens eficazes, a política de mídias sociais torna-se prática, com muito mais probabilidade de ser usada.

> Para exemplos de várias outras políticas organizacionais, dê uma olhada em: **http://socialmediagovernance.com/policies/**.

Previsão de crises

Uma parte muito simples e eficaz do seu processo social deve ser uma sessão de *brainstorming*. Reúna tantas pessoas quantas couberem numa sala de reuniões e faça questão de compor um mosaico de funções, idades e experiências, tão diversificado quanto possível. Não inclua muitas pessoas de alto nível hierárquico, nem indivíduos que possam inibir a manifestação espontânea de opiniões e divergências. Então, peça a todos que sugiram ideias sobre qualquer coisa que possa dar errado nas redes sociais. A *hashtag* poderia ser distorcida e usada para outra finalidade? Uma campanha poderia ser manipulada para transmitir uma mensagem não intencional? Essa é apenas uma ideia boba sobre a qual as pessoas rirão? É preciso cultivar um clima de completa liberdade e descontração para que todos opinem e contestem.

O próximo estágio é filtrar o que foi produzido. Submete-se, então, toda a lista a uma votação anônima, permitindo que as pessoas indiquem se os riscos identificados são possíveis ou imaginários, e avaliem quais são as probabilidades de que possam acontecer. Os que forem considerados extremamente improváveis devem ser descartados. Se alguém distorcer a sua *hashtag*, o que fazer? Parar de usá-la? Reagir? Para cada caso, é necessário um plano de contingência, que elimine ou contenha o problema (veja mais a esse respeito na seção sobre gestão de crises).

Social listening

Todo projeto social deve começar com um projeto de escuta. Isso lhe permitirá compreender quais são os conteúdos populares e quem são os influenciadores, assim como o ajudará a identificar quaisquer riscos potenciais. Você também deve especular sobre o que os concorrentes estariam aptos e dispostos a fazer, e estabelecer algumas expectativas sobre o nível de engajamento que você gostaria de alcançar. Para isso, você precisará de uma boa ferramenta de *social listening* e monitoramento – usamos

https://www.brandwatch.com e a recomendo enfaticamente. O ponto de partida é identificar um conjunto de palavras a serem pesquisadas, e as melhores ferramentas oferecem um *query builder*, ou construtor de consultas, para executar essa tarefa. A Fig. 5.7 apresenta um exemplo de *query*, ou consulta, que monitora uma grande variedade de palavras, mas também exclui algumas combinações de palavras.

FIGURA 5.7: Construindo uma *query* para escuta das mídias sociais

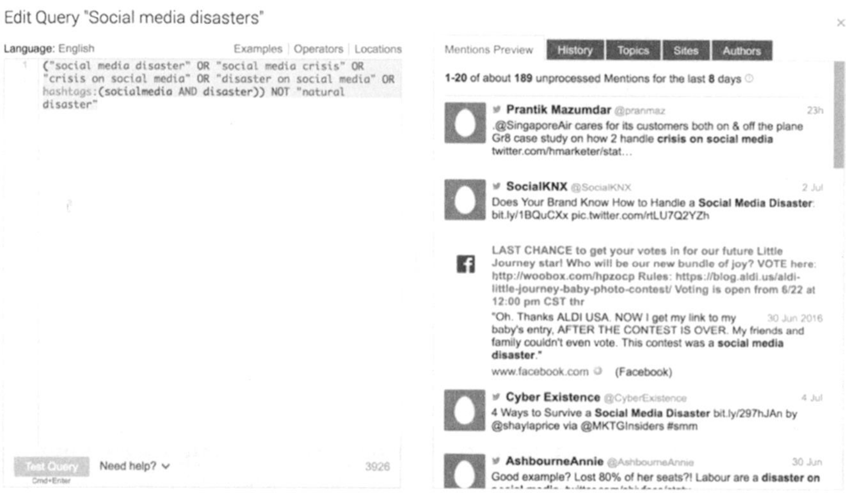

Treinamento do time

Todo o time precisa ser treinado sobre as políticas de mídias sociais, e esse treinamento deve ser parte do processo de integração. Em seguida, cada membro deve receber atualizações regulares para melhorar o conhecimento ou apenas relembrar os principais pontos. Dessa forma, as pessoas saberão o que se espera delas, o que devem e não devem fazer, e quais são os processos e as ferramentas disponíveis.

Monitoramento contínuo

Depois de iniciar uma campanha ou qualquer atividade social, você precisará de ferramentas de monitoramento contínuo das mídias sociais. Isso lhe permitirá avaliar as reações aos seus esforços, monitorar com facilidade seus concorrentes, identificar influenciadores e o mais importante para os nossos propósitos: detectar quaisquer temas com muita rapidez. As melhores ferramentas gerarão alertas automáticos, que sinalizarão quaisquer mudanças significativas, do ponto de vista estatístico, sem precisar procurá-las (Fig. 5.8).

FIGURA 5.8: Alertas por e-mail de tópicos que estão crescendo rapidamente (captura de tela do sistema "alertas" do software Brandwatch)

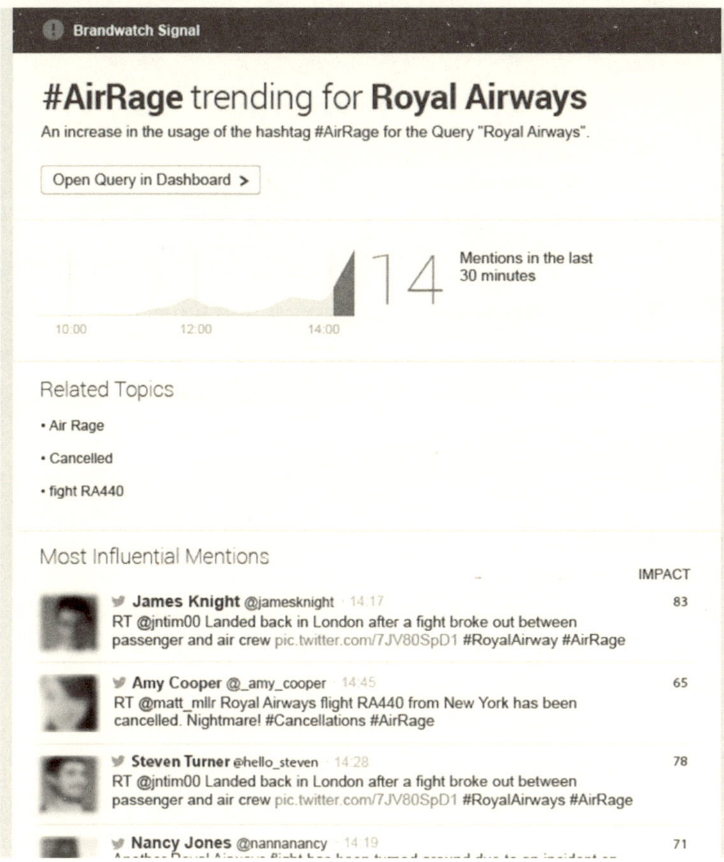

Responsabilidades claras

É preciso definir desde o início quem está incumbido de monitorar as mídias sociais e de relatar as informações relevantes. O que fazer na ausência do titular? Quem assume? Quem é responsável por lidar com as reclamações de clientes que são recebidas por meio das mídias sociais? Com que prontidão elas devem ser respondidas? Com que rapidez a equipe jurídica ou de *compliance* deve reverter a situação? Todas essas atividades e outras devem ser documentadas com clareza, com a definição das responsabilidades de diferentes funções e times. Com muita frequência, os acordos de nível de serviço (SLAs) são uma boa ideia em grandes organizações, de modo que diferentes funções e times compreendam com clareza o que se espera deles.

Rastreamento de resposta

Ao começar a receber respostas para suas atividades sociais, você terá de responder a muitas dessas manifestações, sejam negativas ou positivas. Quanto maior for seu sucesso nas mídias sociais, mais dessas respostas você receberá, situação em que você passará a precisar de uma ferramenta para ajudá-lo. É importante que você rastreie manifestações como reclamações e responda aos elogios, atribuindo-os às pessoas certas, acompanhando tudo até o desfecho. São várias ferramentas disponíveis, mas as minhas duas preferidas são a Hootsuite (para o gerenciamento de mídias sociais) e a Conversocial (para serviços aos clientes).

Processo de escalagem

Quando se identifica alguma coisa como um problema potencial, é essencial dispor de orientações claras para o que fazer em seguida. Quem deve ser acionado? Por meio de quais canais? Com que rapidez? Não adianta me enviar um e-mail num fim de tarde de sexta-feira, se só o verificarei na segunda-feira de manhã. É preciso haver um processo claro para sinalizar os problemas potenciais às pessoas certas e um plano B, ou processo alternativo, para as situações em que esses indivíduos não estiverem disponíveis. Também é necessário considerar a natureza da situação e quem é responsável por decidir quando alguma coisa está ficando problemática.

Time de gerenciamento de crise

Depois de concluir que alguma coisa está ficando problemática (e é sensato ser muito cuidadoso na abordagem – é preferível exagerar o que que infla e estoura como bolha a ignorar o que começa pequeno, mas cresce exponencialmente e explode como crise!), precisamos ter um time de gerenciamento de crise designado previamente. Os indivíduos serão retirados de suas funções cotidianas e arregimentados como tropa de choque. Portanto, também é necessário definir o que acontecerá com as responsabilidades normais de cada um.

Plano de gestão de crises nas mídias sociais

Trata-se de um processo a ser iniciado quando as coisas são transferidas para o time de gerenciamento de crise.

Velocidade da resposta

A maioria das crises nas mídias sociais ocorre porque as organizações ficam paralisadas pelo medo e pela falta de respostas planejadas; isso pode levar à demora na aprovação da resposta e a situação tende a tomar grandes proporções. Nosso objetivo é reagir a qualquer ameaça o mais rápido possível, de forma mensurável. Precisamos, portanto, responder a essas perguntas com o máximo de agilidade: Temos respostas planejadas em nosso processo de previsão de crises? Em caso positivo, elas são realmente eficazes? Em caso positivo, elas foram aprovadas para serem usadas?

Se não tivermos respostas planejadas, precisamos criá-las. Normalmente, o tom deve ser honesto, aberto e objetivo, no lugar da abordagem elusiva e refratária convencional. Assumir a responsabilidade, quando for o caso, e buscar soluções justas, sem procrastinações e subterfúgios; sempre seja cuidadoso para que solução proposta não pareça insuficiente para o problema. É melhor fazer um gesto de boa vontade do que parecer esquivo e negligente.

Elaborada a resposta, é preciso aprová-la o mais rápido possível. O time de crise deve ter acesso imediato e atendimento prioritário aos respectivos pedidos pela pessoa com autoridade para aprovar a resposta e fornecer os recursos.

Não responder

Lembre-se de que, às vezes, a falta de resposta pode ser a melhor resposta! Se um queixoso crônico estiver reclamando de novo, embora você já tenha respondido adequadamente em outras ocasiões, talvez seja o caso de ignorar a queixa ou protesto. As audiências são rápidas em identificar os reclamantes reincidentes e, muitas vezes, ao responder, você está simplesmente lhes oferecendo uma plataforma para agravar ainda mais a situação. Entretanto, ignorar uma queixa ou protesto deve ser uma decisão consciente, e também requer aprovação.

Uma alternativa a não responder é responder por terceiros. Por exemplo, se, em outras circunstâncias, identificamos defensores, isto é, indivíduos propensos a nos apoiar e a nos elogiar, podemos convidá-los a participar da conversa. Instruir esses defensores sobre o que dizer em seu nome pode sair pela culatra; portanto, simplesmente os chamamos como interlocutores. Tenha sempre em mente, porém, que um defensor muito zeloso pode piorar a situação; logo, é importante confiar em como atuará esse intermediário.

Monitoramento da reação

Depois de dar a resposta, precisamos ver como a audiência reage. Frequentemente, envolver defensores nessa fase também pode ser útil, uma vez que eles são capazes de reforçar e divulgar a sua resposta. Esteja preparado para a hipótese de a resposta não convencer e nem produzir o impacto desejado. Nesse caso, voltamos ao início, preparamos outras respostas e envolvemos outros intermediários.

Padrões protelatórios

Frequentemente, sobretudo em grandes organizações ou diante de importantes questões legais, não podemos dar respostas completas e imediatas. Nesses casos, é essencial oferecer respostas protelatórias para ganhar tempo e criar expectativas. Por exemplo, dizer que estamos cientes da questão e que, enquanto fazemos algumas investigações internas, não podemos responder de forma definitiva, mas que nos manifestaremos em determinado prazo. Esses tipos de respostas podem ajudar a restringir rumores e a atenuar a crise antes de nossa resposta final. Faz sentido sempre ter uma resposta protelatória, pronta e aprovada, de modo a divulgá-la tão rápido quanto possível; as respostas protelatórias devem ser elaboradas cuidadosamente, para que não sejam um reconhecimento de culpa ou, de alguma outra forma, aumentem o problema. Como já vimos, vale incluir suas respostas protelatórias no processo de prevenção de crises.

Debriefing *pós-crise e atualização da política para as redes sociais*

Depois da prevenção ou superação da crise, precisamos garantir que a situação não se repita. O time de gerenciamento de crise deve realizar um *debriefing*, ou discussão para entendimento, com os outros times envolvidos e, então, ajustar a política para as mídias sociais, acrescentando orientações e lições relevantes. Todo o time, então, deve ser instruído e treinado a respeito das mudanças.

Conclusões sobre gerenciamento de crises nas mídias sociais

A maioria das crises nas mídias sociais podem ser evitadas quando se adota uma série de processos já identificados, mas lembre-se de que grande parte das crises não é causada por atividades sociais. Normalmente, as crises sociais resultam de problemas como serviços aos clientes ou falhas no produto. Portanto, a responsabilidade por prevenir crises nas mídias sociais perpassa toda a organização, e todo o pessoal precisa de conscientização e treinamento.

Quando ocorrem crises, precisamos de times de gerenciamento de crises bem-preparados, de processos para a redução dos danos e da divulgação de respostas rápidas e esclarecedoras.

Alcance, engajamento e ego

Para realmente obter o máximo do nosso *digital branding*, devemos sempre considerar como maximizar nosso alcance na audiência-alvo. Alcance e engajamento social são formas altamente eficazes de conseguir esse resultado e, além de ampliar nossa audiência-alvo, também pode promover um engajamento positivo.

Se eu continuar publicando conteúdo produtivo e envolvente, atualizar com regularidade meus canais sociais e me envolver de forma construtiva com qualquer pessoa que deixe comentários ou feedback, ampliarei gradualmente a audiência das minhas mídias sociais. Se, contudo, eu quiser acelerar o processo e alavancar ao máximo os meus esforços, precisarei focar no alcance das minhas mídias sociais.

Ampliar o alcance das mídias sociais consiste em identificar os principais influenciadores e defensores dentro de determinado grupo. Se eu conseguir que essas pessoas-chave compartilhem minhas atualizações e meu conteúdo, será possível ampliar a minha visibilidade e aumentar a minha audiência.

Assim sendo, vamos definir a que me refiro quando menciono defensores e influenciadores.

Defensores são o grupo mais fácil de identificar, por serem as pessoas que deixam comentários positivos, retuítam conteúdo e, geralmente, se envolvem de forma positiva. Os defensores estão dispostos a difundir o que você diz e a reforçar sua voz social. São o nosso principal recurso, e precisamos engajar, encorajar e recompensar esse grupo para fortalecer a sua lealdade.

Influenciadores são as pessoas com acesso à audiência que queremos impactar. Podemos usar as ferramentas de mídias sociais para identificá-los e, então, usarmos uma estratégia para envolvê-los e estimulá-los a se converterem em defensores.

Julgando a influência

Podemos adotar vários critérios para mensurar a influência on-line. Aí se incluem o número de conexões sociais da pessoa, a qualidade da sua audiência ou a probabilidade de o que ela diz ser lido e repetido. Esse processo pode ser muito demorado e, portanto, vale considerar algumas das principais ferramentas que podem facilitar a compreensão dessa influência.

O Klout, mostrado na Fig. 5.9, pretende atenuar o sacrifício de tentar avaliar a influência on-line. Para isso, considera uma variedade de plataformas sociais, sob a perspectiva de mais de 400 fatores diferentes, como a probabilidade de ser retuitado e, então, atribui-lhe um escore de 0 a 100, e também designa tópicos em que o considera influente. Na captura de tela da Fig. 5.9, o meu escore atual é 63 e, de acordo com o Klout, sou influente em marketing digital, mídias sociais e marketing. Ufa!

FIGURA 5.9: Klout é uma plataforma de pontuação de influência nas mídias digitais

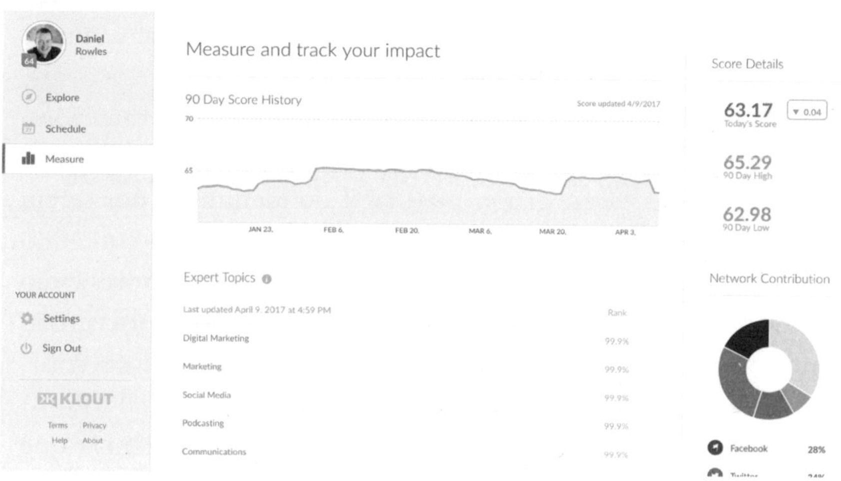

Serviços de *scoring*, ou pontuação, como o Klout, receberam muita cobertura negativa pela imprensa, e têm sido acusados de tudo, desde imprecisão até de não fazerem nada a não ser inflar o ego das pessoas. Discordo. Embora o Klout esteja longe de ser perfeito, à medida em que melhora o seu algoritmo (o conjunto de regras por trás das avaliações), ele também aumenta a sua eficácia. Sempre haverá discussões sobre a avaliação dos fatores, mas, apesar de tudo, a ferramenta pode fornecer-lhe a orientação e o feedback de que você precisa. Ao considerar meus seguidores no Twitter e ao olhar para aqueles com os mais altos escores Klout, não há dúvida de que pessoas são minhas audiências mais influentes.

A principal vantagem do Klout é fornecer uma métrica muito fácil para uma primeira estimativa da sua influência – depois dessa abordagem inicial, você pode se aprofundar um pouco mais e planejar as suas campanhas de ampliação de alcance. Por exemplo, tenho um *plug-in* para o Google Chrome que me mostra o escore Klout de todas as pessoas cujos tuítes estou lendo no Twitter. Assim, posso ver quais são os mais influentes e priorizar minhas atividades de engajamento.

Outro recurso para julgar a influência social é usar uma ferramenta de monitoramento social, que ajuda a identificar os usuários mais influentes de determinada plataforma. Já mencionamos neste capítulo a ferramenta Klear.com, e ela é excelente para identificar influenciadores em um tópico específico.

MARCA, MÍDIAS SOCIAIS, RP ON-LINE E OTIMIZAÇÃO DE BUSCAS

É importante compreender que a conexão entre atividades em mídias sociais, atividades de relações públicas (RP) e otimização de buscas é estreita. Também é essencial reconhecer que todas essas coisas compõem parte importante do seu *digital branding*. Analisaremos o processo de busca com mais detalhes no próximo capítulo, mas a eficácia de suas atividades nas mídias sociais irá gerar "sinais sociais" que influenciam os seus *rankings* de pesquisa, essenciais para a quantidade e a qualidade das conversas que estão acontecendo nas mídias sociais sobre seus tópicos de interesse.

Alcance e engajamento social são basicamente RP on-line, mas as suas atividades de RP off-line também podem impactar as suas conversas nas mídias sociais e a quantidade de pessoas que estão se conectando com seus sites e com suas plataformas de mídias sociais. Por isso, precisamos que todos se envolvam nessas três disciplinas, para que trabalhem em estreita colaboração e estejam plenamente conscientes das atividades uns dos outros.

Métricas sociais

O maior erro cometido em inúmeras organizações (na maioria, conforme minha experiência) é focar em métricas quantitativas, ou baseadas em volumes, ao analisar campanhas em mídias sociais. Na maioria das vezes, inicia-se a campanha com a meta de alcançar certo número de curtidas ou de seguidores. Mas, na realidade, o que significam efetivamente um milhão de seguidores? A resposta é: realmente muito pouco. Precisamos compreender quem é a audiência, ver como está engajada, quais são seus sentimentos, e, mais importante, verificar se as mídias sociais estão efetivamente impactando seus objetivos de negócio.

A Parte Três verifica a análise de dados e as métricas com muito mais detalhes, mas podemos usar a análise de dados de várias formas para avaliar o sucesso da influência que recebemos das mídias sociais. Uma hipótese é começar pelo básico e considerar o tráfego que geramos das mídias sociais para os nossos sites; avançamos, então, mais um estágio e verificamos quantas dessas visitas ocorrem a partir de dispositivos *mobile*. Se você estiver usando a análise de dados com eficácia, você também terá definido metas, e pode começar a ver quais áreas das mídias sociais estão induzindo os visitantes do seu site a contribuir para o alcance das suas metas. Tudo isso será visto com mais detalhes na Parte Três, mas o ponto principal a ter em mente é que não se trata apenas de levantar dados de mídias sociais, como número de seguidores ou quantidade de engajamento; o mais importante é realmente compreender como tudo isso impulsiona a execução dos seus objetivos finais.

Análise de sentimentos

Muitas ferramentas de mídias sociais executarão alguma forma de análise de sentimentos. A ideia é estudar o contexto das menções que você recebe nas mídias sociais e compreender o sentimento ou a intenção dos usuários, e quase sempre esse processo consiste em agrupar as menções em positivas, negativas e neutras.

No entanto, há um problema: a maioria das ferramentas de mídias sociais fazem essa análise de forma completamente errada. Essas ferramentas analisam o texto e usam métodos de análise de linguagem bastante rudimentares. Por exemplo, se eu tuíto "Dez maiores crises de marketing de 2018" e, então, incluo um link para meu site, muitas ferramentas o verão como um tuíte negativo e associarão a negatividade ao link para meu site. Ele será considerado negativo devido ao uso da palavra "crise", muito embora, com base na experiência, eu saiba que se trata, efetivamente, de um tuíte muito popular. Algumas ferramentas, no entanto, são muito mais eficazes em analisar a linguagem e assumem uma abordagem bem mais sofisticada. Essas ferramentas certamente não são 100% precisas, mas possuem menor probabilidade de cometerem erros grosseiros como esse.

A solução é avaliar até que ponto a sua ferramenta, em especial, é eficaz em analisar as plataformas que você está considerando e, então, verificar manualmente os resultados obtidos. Isso não significa ler ou comentar todos os tuítes, embora assim devesse ser num mundo ideal, mas implica, sem dúvida, em examinar e em compreender as suposições sobre a ferramenta.

Esse cuidado é ainda mais importante quando se considera o *share of voice*, conceito que veremos com mais detalhes na Parte Três. Durante uma crise realmente séria nas mídias sociais, quando todos estão falando sobre você e dizendo coisas negativas, o seu *share of voice* será alto. Você, portanto, precisa interpretar o sentimento ao analisá-lo.

Publicidade nas mídias sociais

Muitas plataformas de mídias sociais oferecem várias opções de publicidade pagas. As principais ferramentas de pesquisa, como Google, Yandex e Baidu, também permitem campanhas de pesquisa pagas. No entanto, precisamos discutir aqui as implicações de campanhas sociais pagas, visto que esses aspectos podem impactar intensamente a eficácia e a avaliação das suas iniciativas.

Proposta de valor, privacidade e confiança

Uma vez que as mídias sociais são, cada vez mais, parte da vida cotidiana, precisamos ser muito cautelosos em como as usamos para fins comerciais. Quase tudo o que falamos até aqui envolve a oferta de valor, via engajamento com os usuários e compreensão de suas necessidades. Exatamente o mesmo princípio deve ser aplicado à publicidade nas mídias sociais.

Precisamos considerar até que ponto a publicidade efetivamente seria considerada interrupção; até que ponto a publicidade realmente comprometeria nossas marcas, se for mal utilizada, e qual é a imagem da organização que estamos projetando.

O ponto principal, aqui, é compreender as plataformas sociais que você está usando, o motivo de outras pessoas as utilizarem e garantir a clareza da sua proposta de valor. Se você está no Facebook, tem interesse em saúde e fitness e uma marca como a Nike oferece a você uma ferramenta gratuita para ajudá-lo a alcançar seus objetivos para ficar em forma, isso é ótimo. Se, contudo, você está no Facebook e curtiu um podcast de marketing digital, isso não significa necessariamente que todos os seus amigos também estão interessados.

É realmente do interesse do Facebook não aborrecer as pessoas com anúncios irrelevantes, da mesma forma como não é bom para o Google oferecer resultados de pesquisa irrelevantes. Ambos os cenários geram usuários insatisfeitos, o que, por sua vez, leva esses usuários a mudar para outras redes sociais e outros mecanismos de busca.

Os algoritmos – que são apenas conjuntos de regras e lógica – por trás dessas plataformas são o que decide quais anúncios mostrar ou quais resultados de busca apresentar. O Google passou muitos anos, e fez muitos investimentos, desenvolvendo algoritmos e enfatizando sua relevância. O algoritmo do Facebook seleciona o conteúdo, eliminando-o ou reiterando-o com base no que supõe ser relevante para o usuário. Isso também significa, porém, que o Facebook vende publicidade para empresas sem ser capaz de levar gratuitamente o conteúdo dessa publicidade para a audiência dessas organizações. O "alcance orgânico" é a consequência desse algoritmo, e seu alcance orgânico é a porcentagem de pessoas que curtiram a sua página no Facebook e que efetivamente viram o seu conteúdo. O alcance orgânico médio para uma ampla variedade de organizações com as quais trabalho é, atualmente, de 2%. Disso se conclui, basicamente, que poucas pessoas que curtiram a sua página efetivamente viram o seu conteúdo. Portanto, você precisa pagar para conseguir mais visibilidade.

Conclusões sobre as mídias sociais

Ao planejar o nosso *digital branding*, além de considerar todas as complexidades usuais das mídias sociais, precisamos levar em conta alguns outros aspectos. Ainda temos de considerar o uso apropriado dos canais, focar no conteúdo e engajamento, e encontrar estratégias de mensuração eficazes. Sobretudo no *digital branding*, é necessário avaliar toda a experiência do usuário e focar com muita clareza na transparência e na confiança.

Considerar a experiência global do usuário consiste em analisar e testar a forma como ele efetivamente perceberá o conteúdo das nossas mídias sociais e como ele se engajará conosco. Embora esse processo seja demorado e fragmentado, devido ao grande número de plataformas sociais e de cenários, é uma questão muito prática e razoavelmente simples.

A confiança, por outro lado, é muito mais subjetiva, embora seja extremamente importante. As mídias sociais podem atuar como amplificadores dos equívocos que cometemos como profissionais de marketing. Ao interromper, sermos irrelevantes ou fazermos suposições incorretas, seremos realmente inconvenientes para a nossa audiência-alvo. Isso pode acontecer ao oferecer-lhes conteúdo irrelevante ou bombardeá-los repetidamente com a mesma mensagem.

As mídias sociais estão no cerne do que torna o *digital branding* tão especial – e envolvem riscos e oportunidades. Uma abordagem bem planejada e estratégica para as mídias sociais não só irá fazer melhor uso das ferramentas e canais disponíveis, mas também terá a visão de como esse processo é parte da jornada do usuário de forma mais ampla.

Referências e leituras complementares

PATEL, N. How Frequently You Should Post on Social Media According to the Pros. *Forbes*. 2016. Disponível em: <https://www.forbes.com/sites/neilpatel/2016/09/12/how-frequently-you-should-poston-social-media-according-tothe-pros/2/#197b17c8100f>. Acesso em: 19 abr. 2017.

TWITTER. 2017. Disponível em: <https://about.twitter.com/company>. Acesso em: 19 abr. 2017.

W3TECHS. *Usage Statistics and Market Share of Google Analytics for Sites*. 2017. Disponível em: <https://w3techs.com/technologies/details/tagoogleanalytics/all/all>. Acesso em: 19 abr. 2017.

YOUGOV. *YouGov: HP Facebook, USA*. 2016. Disponível em: <https://d25d2506sfb94s.cloudfront.net/cumulus_uploads/document/lcergepzz1/tabs_HP_Facebook_20160425.pdf>. Acesso em: 19 abr. 2017.

CAPÍTULO 6

PESQUISA

A pesquisa é parte fundamental da jornada do usuário; o que pesquisamos – e os resultados que obtemos – têm grande impacto no nosso *digital branding*. Fazer questão de compreender o que a audiência-alvo está pesquisando, em diferentes estágios da jornada, será essencial para produzir a melhor experiência do usuário. Se não formos encontrados, ou se empurrarmos a nossa audiência para uma experiência do usuário ruim, prejudicaremos o nosso *digital branding*. O melhor site do mundo é inútil se não for encontrado.

Normalmente, dividiríamos a pesquisa em duas áreas-chave: 1) pesquisa natural (ou orgânica), a área dos resultados de pesquisa decididas pelos mecanismos de pesquisa; 2) pesquisa paga, o conjunto de resultados remunerados, para serem visíveis. Search Engine Optimization (SEO), ou otimização para mecanismos de busca, é o processo de conseguir melhores posições nos *rankings* de pesquisa dentro dos resultados naturais/orgânicos. *Pay-per-click* (PPC) indica o elemento de pesquisa pago dos resultados de pesquisa. Exploraremos ambos os conceitos neste capítulo.

Vamos começar com um exemplo de como os mecanismos de busca podem demonstrar a importância da pesquisa como parte do nosso *digital branding*. As figuras 6.1 e 6.2 são capturas de tela do Google Trends, uma fantástica ferramenta que analisaremos mais adiante. Essas duas capturas de tela, referentes a pesquisas de usuários, mostram a reação dos usuários a uma campanha de TV.

O *drumming gorilla* (gorila baterista)

Em 2006, há muito tempo atrás em termos de mercado digital, a Cadbury, fabricante de artigos para confeitaria, lançou uma campanha que viralizou. O anúncio apresentava uma cena muito impressionante de um gorila ouvindo uma música e a tocando na bateria. A música em questão era *In the Air Tonight*, do Phil Collins, e se você não viu este anúncio, vá ao YouTube e procure por *drumming gorilla*.

Esse foi a primeira publicidade do gênero, e provocou enorme quantidade de conversas, principalmente porque as pessoas não tinham ideia do que um gorila tocando bateria tinha a ver com o chocolate Cadbury. A resposta a essa perplexidade é irrelevante, mas a genialidade da campanha estava nessa aleatoriedade. E, então, como as pessoas reagiam ao ver o anúncio? Faziam pesquisas no Google.

A Fig. 6.1 mostra que, até o lançamento do anúncio, não havia pesquisas no Google sobre *drumming gorilla* (gorila baterista), o que não é nada surpreendente; mas, quando o anúncio foi lançado, houve um pico nas pesquisas pelo termo.

FIGURA 6.1: Pesquisas no Google por *drumming gorilla*

(Google e o logo do Google são marcas registradas da Google Inc., usados com permissão.)

A Fig. 6.2, porém, mostra que as pessoas, de fato, também pesquisaram "cadburys", ou seja, a experiência da marca foi impactada intensamente pela pesquisa. Isso mostra que precisamos prever a reação da audiência-alvo a todos os canais que usamos e reconhecer que mesmo os canais de transmissão tradicionais, hoje, são profundamente impactados por nosso *digital branding*.

FIGURA 6.2: Pesquisas no Google por *drumming gorilla* e *cadburys*

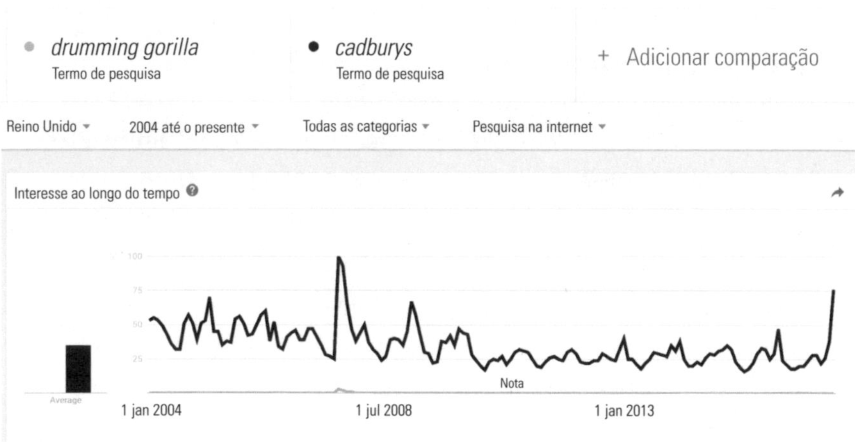

(Google e o logo do Google são marcas registradas da Google Inc., usados com permissão.)

SEM – O ACRÔNIMO DE TRÊS LETRAS DE QUE MENOS GOSTO

Como você provavelmente já constatou, no marketing digital adoramos acrônimos de três letras. De todos esses acrônimos, SEM é o de que menos gosto. Ele significa Search Engine Marketing, ou seja, marketing de mecanismos de pesquisa, e, em termos técnicos (e discutirei de bom grado sobre isso até ficar sem fôlego), abrange os dois lados do marketing de pesquisa – isto é, SEO e PPC. Contudo, o acrônimo geralmente é usado para designar o lado pago da pesquisa, o PPC.

Na realidade, poderíamos incluir o PPC na seção de publicidade deste livro, porque o PPC é exatamente isso: uma forma de publicidade paga. No entanto, o termo publicidade on-line é usado com mais frequência para designar anúncios de banner ou vídeo; portanto, para manter a coerência com essa definição, analisaremos o PPC nesta seção do livro.

RELAÇÃO ENTRE PPC E SEO

Sempre se discutiu e criou-se boato sobre quanto os seus resultados de SEO são impulsionados por gastos com campanhas de PPC. A resposta para a vasta maioria dos mecanismos de pesquisa, inclusive o Google, é que não há correlação direta de qualquer espécie. Já tive clientes que gastavam milhões, todos os meses, sem nenhum impacto direto sobre seus *rankings* de pesquisa orgânica. Essa regra, todavia, não se aplica ao Baidu, a maior ferramenta de pesquisa da China; basicamente, quanto mais você gasta com o Baidu, melhor tende a ser a sua visibilidade na pesquisa orgânica. É uma forma muito fácil de obter melhores posições nos *rankings* de pesquisa, mas, provavelmente, não a melhor forma de dar ao usuário os resultados de pesquisa mais relevantes.

Otimização de mecanismos de pesquisa (SEO)

SEO (Search Engine Optimization) consiste, basicamente, em chegar ao topo nos resultados orgânicos dos mecanismos de busca. Ainda bem que as regras centrais de SEO são consistentes entre todos os mecanismos de pesquisa mais importantes. Também iremos ver como a jornada do usuário impacta a busca e o que precisamos para maximizar o efeito positivo da pesquisa em nosso *digital branding*.

Tudo começa com spiders

Spiders são *bits* de software que leem suas páginas e enviam o conteúdo de volta para os mecanismos de busca; se não puderem ler o seu site, você não será ranqueado.

Os *spiders* de mecanismos de pesquisa (também conhecidos como *crawlers*, *bots* ou *robots*) visitam seu site, seguem os links nas suas páginas e enviam seu conteúdo de volta para o mecanismo de busca, de modo que ele possa ser acessado e ranqueado. Esses dados, que foram enviados de volta para os mecanismos de pesquisa e que foram acessados, são conhecidos como índice do mecanismo de pesquisa. Geralmente, quanto maior for a assiduidade com que você atualiza seu conteúdo, e quanto mais importante for considerado o seu site (trataremos dessa "importância" mais adiante, neste capítulo, quando falarmos sobre construção de links), mais frequentemente os *spiders* voltarão para olhar seu conteúdo.

Para começar, certas práticas podem impedir que os *spiders* leiam seu conteúdo e, obviamente, se seu site não puder ser lido, você não será ranqueado. Um bom exemplo disso é construir todo o seu site em Flash; o Flash é uma tecnologia de propriedade da Adobe para a construção de conteúdo de web, animado e interativo. O Google e os outros mecanismos de pesquisa acham difícil ler, ou preferem não ler, conteúdo em Flash; basicamente, a consequência é que o mecanismo de pesquisa vê a "caixa" com o conteúdo, mas não o conteúdo em si. Também é bom lembrar que o Flash não funciona em dispositivos iOS (iPhones e iPads). O Flash tem sido usado pelas agências de publicidade, há muitos anos, para criar sites "ricos" e "focados na marca" – o que se traduz em usar o canal web de forma inadequada para criar alguma coisa muito animada. Se você quiser criar conteúdo interativo e animado, use HTML5. É melhor para os mecanismos de pesquisa e funciona em maior quantidade de dispositivos *mobile*.

PESQUISA *MOBILE*

Desde 2016, a maioria das pesquisas na internet são feitas a partir de dispositivos *mobile* (Google's Mobile-First Index, 2016). Isso significa que o Google está extremamente interessado em oferecer aos usuários boa experiência, não só em desktops e laptops, mas também no *mobile*. Vale lembrar que qualquer site que ofereça uma experiência ruim do usuário no *mobile*, provavelmente será "castigado" com *rankings* de pesquisa mais baixos. Garanta que o seu site seja amigável para dispositivos *mobile*, aplicando o teste Google Mobile Friendly: **https://search.google.com/search-console/mobile-friendly**.

Google operators

Se você quiser confirmar que o Google está visitando seu site e verificar quando os *spiders* apareceram lá pela última vez, você pode usar a técnica conhecida como Google Search Operators. Entre no Google, como de costume, mas em vez de pesquisar uma palavra ou frase, digite o seguinte na caixa de pesquisa (evidentemente substituindo *yoursite* pelo seu próprio nome de domínio): **cache:www.yoursite.com**.

Esse recurso retornará uma cópia do seu site e alguns detalhes que lhe dirão quando o Google visitou seu site pela última vez. Se não retornar nada, pode significar que o Google não está visitando seu site.

Google Search Console

Para obter alguns insights reais sobre como os *spiders* do Google estão acessando as suas páginas e sobre quaisquer problemas que eles talvez estejam tendo, você precisa usar o Google Search Console. Você o encontra aqui: **http://www.google.com/webmasters/tools**.

Para isso, você precisará de uma conta Google (é possível criar uma conta em alguns minutos) e, então, será necessário comprovar que você é dono do site sobre o qual quer conseguir alguns detalhes. O Google fornece instruções passo a passo, mas você precisará editar o código da sua página web ou criar uma página com um nome específico (o que comprova para o Google que você controla o site). Os atuais usuários do Google Analytics podem evitar esses passos, simplesmente conectando as duas contas.

Depois de instalado, o Google Search Console possibilitará que você faça o seguinte:

- **Verificar como o Google vê o seu site e identifica problemas –** Você saberá de que forma o Google rastreia e indexa o seu site, e descobrirá os problemas específicos do Google para acessar o seu site – provavelmente o aspecto mais importante em relação ao que estamos falando.
- **Descobrir o tráfego de seus links e consultas –** você pode visualizar e baixar dados sobre links internos e externos para o seu site com as ferramentas de relatório de link, descobrir que palavras ou frases pesquisadas no Google direcionam o tráfego para o seu site e ver, exatamente, como os usuários chegam lá.
- **Compartilhar informações sobre o seu site –** usando o Google Sitemaps, você poderá conversar com o Google sobre as suas páginas, quais são as mais importantes para você e com que frequência elas mudam.

O Google Search Console também tem alguns atributos que mostram a rapidez com que as suas páginas carregam, em comparação com as de outros sites. Essa velocidade é importante, pois é um dos fatores que o Google considera ao decidir os seus *rankings*.

Pesquisa de palavras-chave para SEO

Pesquisar palavras-chave é compreender como a nossa audiência potencial faz pesquisas, de modo a sabermos que frases de pesquisa precisamos ranquear. Feito isso, temos de introduzir essas palavras em nossas páginas (trataremos desse assunto adiante, quando analisarmos a otimização da página).

Também é fácil presumir que palavras e frases nossa audiência potencial está pesquisando, com base em nossas opiniões (ou, talvez, nas opiniões de nossa agência de pesquisa). Temos de apoiar o processo com fatos e, felizmente, há muitas ferramentas gratuitas que fazem exatamente isso.

Palavras-chave

Algumas das dificuldades diárias que você terá na pesquisa de palavras-chave ficam mais claras com um exemplo. Quando eu dirigia uma agência de pesquisa, eu tinha um grande cliente da área de recrutamento, cuja instrução básica era: "Queremos ser os primeiros na palavra 'vagas'". O que eles queriam era, basicamente, ser o número um em cerca de 2,1 bilhões de páginas (basta pesquisar uma frase no Google, em um desktop ou laptop, e você verá, acima dos seus resultados, o número aproximado de páginas no índice do Google que contêm a frase). Nós cumprimos a missão (eles ainda estão entre os cinco primeiros), mas será que isso valeu o esforço e o custo?

Termos de pesquisa genéricos

Alcançar a primeira posição, em termos amplos e genéricos de pesquisa como esse, simplesmente não será viável na maioria das situações (pelo menos a curto prazo); não teremos dinheiro e nem tempo para realizar esse objetivo. Na realidade, também perderemos muito tempo. Quem, de fato, pesquisa a palavra "vagas"? Provavelmente são pessoas que estão pesquisando o mercado de trabalho em sites de recrutamento, mas como ainda devem estar na fase de navegação da jornada on-line, dificilmente se candidatariam a uma vaga nesse estágio inicial. Na verdade, se o ponto de partida fosse "quero ser o número um em 'empregos em marketing digital, em Londres'", já estaríamos mirando em pessoas mais próximas do ponto de conversão (quando estão realmente prontos para fazer alguma coisa) e estaríamos competindo com muito menos pessoas (5,5 milhões, nesse caso específico, muito melhor do que bilhões!).

Por que, então, uma grande organização, como o site de recrutamento que mencionei, adotaria um termo de pesquisa tão genérico? Esboçamos a seguir algumas razões:

- **Ignorância** – Talvez não saibam muito sobre SEO.
- **Longo prazo** – É válido considerar termos mais genéricos a longo prazo. É viável se você estiver disposto a persistir e isso pode fazer parte de uma estratégia mista de palavras-chave; ou seja, quando você mira em muitas frases, com muitas combinações, sobre certo tópico.
- **Volume** – Se você vender publicidade on-line, talvez você esteja mais interessado em volume do que em qualidade. Isso porque os anúncios on-line geralmente são vendidos CPM (custo por mil ou, basicamente, custo por 1.000 visualizações). Quanto mais páginas forem vistas, mais dinheiro você recebe, não importa o interesse do visitante.

Pesquisa cauda longa

Cerca de 65% das pesquisas são feitas com frases de duas ou mais palavras (Statista, 2017). Quanto mais específica for a frase que pesquisamos, mais claros seremos sobre o que estamos pesquisando e maior será a probabilidade de a pesquisa gerar alguma ação. Alguns tipos de ação, como compra, download ou preenchimento de algum formulário, é geralmente o que queremos alcançar como profissionais de marketing. Portanto, essas frases mais extensas, ou caudas longas, é no que devemos focar. A frase "cauda longa" deriva da ideia de que há uma ampla seleção de frases de pesquisa, compostas de várias palavras, que não gerarão grandes volumes (embora o uso de muitas frases cauda longa possa gerar muito tráfego), mas que têm maior probabilidade de gerar conversões (a realização de objetivos on-line como download, compra ou preenchimento de formulários).

Variações de palavras-chave

Também precisamos compreender exatamente como as pessoas pesquisam, assim como a ordem e as variações das palavras que usam. O Google quer que as respostas que fornece correspondam exatamente ao que você pesquisa; portanto, a diferença entre *Jobs Manchester* e *Manchester Jobs* é importante. Com qual das variações a maioria das pessoas fazem pesquisas? Felizmente, o Google fornece ferramentas que podem dizer exatamente isso – as duas principais ferramentas serão analisadas a seguir.

Planejador de palavras-chave (http://adwords.google.com/KeywordPlanner)

O planejador de palavras-chave, conhecido originalmente como *keywords tool*, ou ferramenta de palavras-chave, é ótimo para indicar o número efetivo ou, pelo menos, uma estimativa muito exata das pesquisas para determinado termo, o que pode ser global ou por país. Essa ferramenta também sugere variações do termo de pesquisa e mostra quantas pesquisas cada um gera por mês. Portanto, é uma fantástica ferramenta para preparar uma lista de palavras que queremos usar, a fim de otimizar nossas páginas. Sempre considere o volume de pesquisas em comparação com a competitividade do termo de pesquisa. A forma mais fácil de fazer isso é simplesmente pesquisar o termo e ver quantos resultados são gerados no Google. Quanto maior for o número, mais alta será a competitividade.

A captura de tela apresentada na Fig.6.3 mostra os resultados de pesquisa da frase "*digital branding*". Recebemos o número de pesquisas por mês e uma seleção de outros termos de pesquisa conexos.

FIGURA 6.3: Variações de palavras-chave e volumes de pesquisa no planejador de palavras-chave do Google

Termo de pesquisa	Taxa média de pesquisas	Lance sugerido	Adicionar planejamento
Digital branding	2.900	£ 3,22	»

Adicionar linhas 30 | 1 – 1 de 1 palavras-chave

Palavra-chave (por relevância)	Média mensal	Lance sugerido	
Marketing de marca	9.900	£ 3,03	»
On-line branding	1.900	£ 0,98	»
Agência de *digital branding*	320	£ 6,51	»
Marketing de *digital branding*	70	£ 6,68	»
Publicidade da marca	2.900	£ 1,02	»
E-mail marketing	74.000	£ 11,79	»
Empresa de *digital branding*	210	£ 4,95	»
Web design	301.000	£ 5,35	»

(Google e o logo do Google são marcas registradas da Google Inc., usados com permissão.)

Google Trends (http://www.google.com/trends)

O Google Trends pode dizer muita coisa sobre como as pessoas pesquisam, mas sua principal capacidade é mostrar tendências em um determina e comparar termos de pesquisa. Insira um termo e ele mostrará a tendência de pessoas pesquisando esse termo em um determinado período. Ele não mostra um número real de pesquisas, mas sim a tendência (o planejador de palavras-chave diz os números reais). Também podemos entrar com vários termos e compará-los. Outro recurso é mostrar o interesse geográfico em determinado termo por país, o que, então, pode ser desdobrado por região e por cidade. Sempre tenha em mente que a comparação entre dois países mostra onde alguém tem a maior tendência em pesquisar, não necessariamente que há, de fato, maior volume de buscas nesse país. E, por fim, obtemos uma seleção de outras palavras que foram pesquisadas em relação a esse termo, quais são as mais populares e quais são as que mais cresceram no ano anterior.

A captura de tela da Fig. 6.4 mostra uma comparação dos termos de pesquisa "blackberry", "Nokia" e "iPhone" no mercado do Reino Unido. Vemos uma correlação direta entre o mercado para essas marcas e o volume de pesquisas sobre elas. Lembre-se também de que más notícias, como o "Blackberry Blackout" (quando a rede da Blackberry parou de funcionar durante vários dias), também provocam piques de pesquisa.

FIGURA 6.4: Google Trends comparando termos de pesquisa

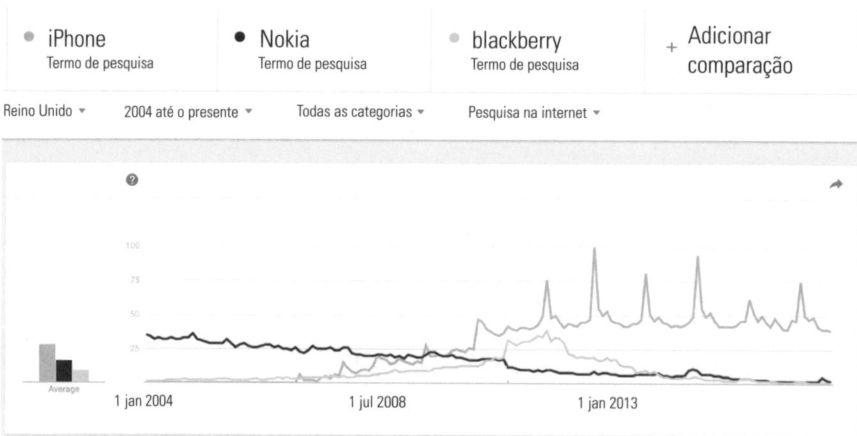

(Google e o logo do Google são marcas registradas da Google Inc., usados com permissão.)

SEO, pesquisa local e Google My Business

As pesquisas locais são extremamente importantes, e os mapas podem dominar os resultados de alguns tipos de pesquisa. Por isso, precisamos maximizar as oportunidades de sermos listados nesses resultados por mapa. Bing, Yahoo, Baidu, Yandex e Google, todos esses mecanismos de pesquisas lhe permitem incluir sua localização num mapa, por meio dos respectivos serviços de mapeamento. Quanto mais detalhes incluir nessas listas por mapa será melhor e, ao conectar essas listas ao seu site (o que todas esses mecanismos de pesquisa permitem fazer), maiores serão as suas chances de aparecer nos mapas de resultados de uma pesquisa *mobile*.

O Google oferece um serviço específico de adicionar qualquer empresa, com uma localização específica, no índice do Google. O Google My Business permite a inclusão da sua localização no mapa e de outros atributos, como horário de funcionamento.

Você encontra o Google My Business em: **www.google.com.br/business**.

Otimização da página

Até agora, analisamos os tópicos de *spiders* de mecanismos de busca e de pesquisa de palavras-chave. Assim, garantimos o acesso de *spiders* de pesquisa às nossas páginas e identificamos as palavras que queremos ranquear. O próximo estágio é incluir essas palavras em nossas páginas. A otimização consiste em incluir as palavras certas nos lugares certos. Identificamos as palavras certas na fase de pesquisa de palavras-chave e, agora, precisamos colocá-las nos locais adequados. Esse é um processo bastante simples e se resume em considerar os elementos centrais de uma página e entrar com nossas palavras e frases.

USUÁRIOS PRIMEIRO, FERRAMENTAS DE PESQUISA DEPOIS

O que estamos tentando fazer é ajudar os mecanismos de pesquisa a compreender o conteúdo das nossas páginas. Não queremos, porém, prejudicar a jornada do usuário. Em outras palavras, se otimizarmos em excesso, dificultaremos a leitura do nosso conteúdo. Você pode atrair todo o tráfego do mundo, mas se ao começarem a ler o seu conteúdo, todos desistirem e forem embora, você perdeu tempo. Empenhe-se, antes de tudo, em melhorar as coisas para o usuário, e, depois, em fazer os ajustes necessários para aumentar a eficácia dos mecanismos de pesquisa.

Listei, a seguir, as áreas mais importantes da página. Em seguida, veremos cada um desses elementos com mais detalhes:

- Título da página.
- Cabeçalhos.
- Nomes das páginas.
- Conteúdo textual.
- Texto de link.
- Nomes de arquivo.
- Textos alternativos.

Cada uma dessas diferentes partes das nossas páginas web nos dá a oportunidade de mostrar aos mecanismos de pesquisa o que elas são (ver Fig. 6.5).

FIGURA 6.5: Principais elementos da página relevantes para o SEO

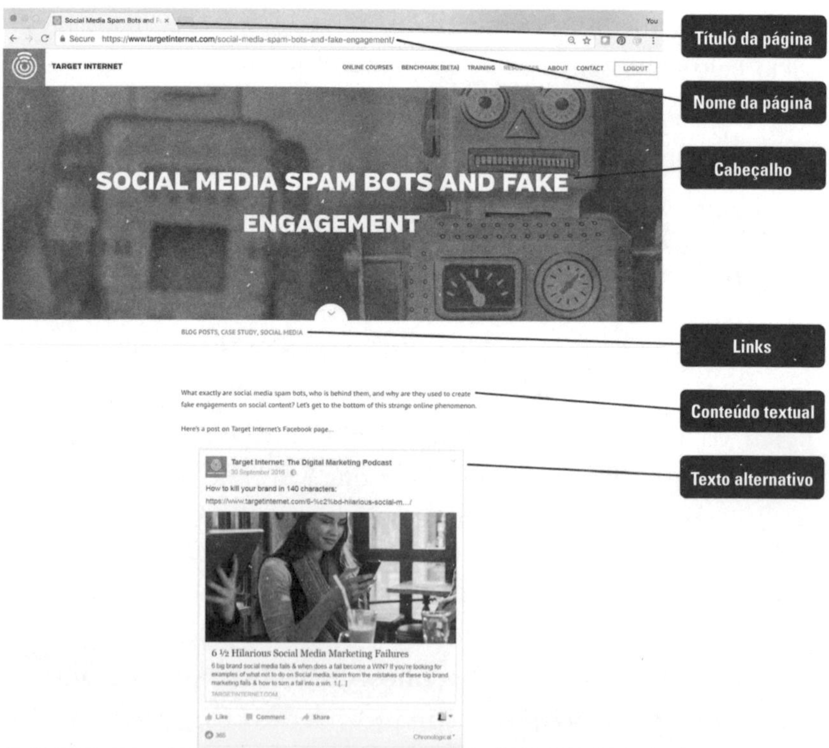

Título da página

Esse é o elemento mais importante da página, pois é geralmente o que recebe maior peso pelos mecanismos de busca e é o que aparece em muitos mecanismos de pesquisa, inclusive no Google, como o principal título das páginas de resultados do mecanismo de pesquisa (Search Engine Results Pages – SERP) (ver Fig. 6.6).

FIGURA 6.6: O título da página é a principal linha no resultado da pesquisa no Google

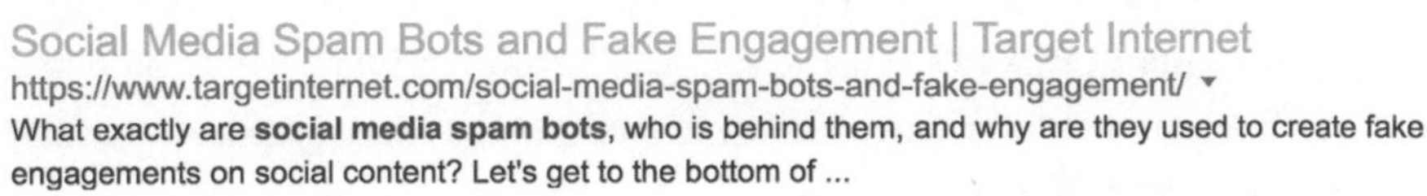

(Google e o logo do Google são marcas registradas da Google Inc., usados com permissão.)

O título da página é o que aparece no alto da janela do seu navegador e que a maioria dos usuários nem mesmo percebe. É criado, de início, pelo seu desenvolvedor ou pelo seu sistema de gerenciamento de conteúdo (Content Management System – CMS), e é um dos elementos mais eficazes e mais ignorados do SEO. Em vários sites, os títulos das páginas ficam em branco ou são preenchidos com "Home"; em outros casos, o mesmo título de página ou o nome da empresa se repetem sucessivas vezes. Se eu estou procurando o nome da empresa, tudo bem, mas e se eu estiver pesquisando o que você faz? Um bom título de página inclui frases que podem ser pesquisadas pelo usuário.

Então, por exemplo, "Treinamento on-line em marketing digital, da Target Internet" é um título de página muito melhor do que "Target Internet", uma vez que mostra o que o meu site oferece e inclui palavras e frases que um usuário pode pesquisar.

Cabeçalhos

Os cabeçalhos e subcabeçalhos, em todas as páginas, ajudam os mecanismos de pesquisa a compreender os principais temas das páginas. Novamente, eles devem incluir as palavras e frases mais importantes que um usuário pode estar pesquisando e que você identificou durante a sua pesquisa de palavras-chave.

Os *spiders* estão lendo o código de suas páginas. Os cabeçalhos no seu conteúdo textual são representados como H *tags*. Estas são parte do código HTML, adotado na construção das páginas, e existem até seis níveis diferentes ou *heading tags*. A *tag* H1 é o seu cabeçalho principal; a *tag* H2 é para subcabeçalhos, e assim por diante, até H6. Na realidade, frequentemente, não passamos da H1 e H2, o que já é muito bom, sob uma perspectiva SEO. É importante compreender que só pode haver um H1, mas você pode ter vários H2s. A lógica de ter apenas um H1 é indicar com clareza o tema central da página. Vários H1 diluiriam esse tema principal e dificultariam para os mecanismos de pesquisa compreender o verdadeiro foco da página. Este é um erro comum e que deve ser evitado.

Lembre-se de que as áreas da página que de fato se destinarão às H *tags* serão escolhidas pela pessoa que, originalmente, codificou a página ou pelo CMS que está sendo usado. Por isso, talvez seja necessário modificar o código das páginas para usar a área adequada da página como *heading tags*. Felizmente em sistemas como WordPress, tudo isso é administrado para você de forma muito sensata.

Nomes das páginas

O endereço do seu site e o nome das suas páginas atuarão, mais uma vez, como indicadores da natureza do seu conteúdo para os mecanismos de pesquisa. Isso não significa que o nome do seu site deva incluir suas palavras-chave, mas sim que você deve nomear suas páginas adequadamente. Por exemplo, meu site não precisa se chamar **http://www.digitalbranding.com**, se esse é o tema do conteúdo. Se eu criar uma página sobre esse tema, devo nomeá-la **www.mysite.com/digitalbranding**, isso porque os mecanismos de pesquisa são realistas ao perceber que muitos dos endereços dos sites são o nome da empresa, e assim por diante. Mais uma vez, essa situação pode ser influenciada pelo desenvolvedor ou pelo CMS, e sistemas como WordPress ajudam você a se manter no controle.

Conteúdo Textual ou copy

O conteúdo textual (*copy*) das suas páginas deve incluir suas frases-chave direcionadas, de preferência no primeiro parágrafo. Toda via, certamente você não precisa ficar repetindo as palavras incessantemente. De fato, dizendo as mesmas palavras várias vezes, você não só pode dificultar a leitura do conteúdo textual, mas também propiciar interpretações negativas pelos mecanismos de busca (ver a informação a seguir em *black hat* SEO).

***BLACK HAT* SEO *VERSUS WHITE HAT* SEO**

Estamos falando de comportamentos éticos, ou do denominado *White Hat* SEO. Em outras palavras, estamos tentando ajudar os mecanismos de pesquisa a compreender o nosso conteúdo. Outra coisa é o *Black Hat* SEO, que consiste em tentar manipular os mecanismos de pesquisa. Quem for pego usando técnicas de *black hat* corre o risco de ser completamente banido dos resultados de alguns mecanismos de busca, e o Google é muito eficaz em detectar essas técnicas de manipulação. A principal regra é que o conteúdo do site deve ser para o usuário, não para os mecanismos de pesquisa, e o que se mostra aos usuários é o que os *spiders* devem ver. Se você quiser saber mais sobre o que o Google espera e considera melhores práticas, dê uma olhada nas diretrizes dele para *webmasters* em: **http://www.google.com/webmasters**.

Texto de link

As palavras que "linkamos" dentro de nossas páginas ajudam o mecanismo de pesquisa a compreender a relevância da página para a qual estamos "linkando" (até certo ponto, também ajudam a mostrar o contexto da página da qual estamos "linkando"). As palavras que estamos usando para "linkar" são denominadas texto-âncora, e são indicadores importantes para os mecanismos de pesquisa. Por isso, não devemos usar frases como "clique aqui" ou "leia mais", uma vez que elas são totalmente sem sentido para os mecanismos de pesquisa. Esses tipos de frases também dificultam para o usuário analisar sua página, de modo a identificar rapidamente seus temas centrais.

Nomes de arquivo

Embora seja apenas um pequeno fator, os nomes dos arquivos que compõem as suas páginas influenciam de certa forma a compreensão das suas páginas pelos mecanismos de busca. Portanto, você deve nomear as suas imagens, arquivos de vídeo e outros de forma que sugiram ou insinuem o conteúdo e, sempre que possível, incluam as suas palavras e frases-chave.

Textos alternativos

Texto alternativo é o texto que descreve uma imagem e é adotado pelo desenvolvedor ou pelo CMS. Esse texto alternativo tem a ver, basicamente, com razões de acessibilidade, mas também impacta o SEO. A acessibilidade consiste em tornar o seu site funcional para pessoas que, por algum motivo, precisam usá-lo de forma diferente. Por exemplo, para pesquisar na internet, os usuários cegos recorrem a uma ferramenta chamada *screen reader*, ou leitor de tela, um software que lê as páginas da internet usando uma voz. Ao encontrar uma imagem, o leitor de tela não a compreende, e lê o texto alternativo. Os mecanismos de busca enfrentam um problema semelhante com as imagens, por isso, leem o texto alternativo para melhor compreendê-las.

Como eu disse acima, o texto alternativo é para acessibilidade, e o SEO deve ter uma importância secundária. No entanto, ao incluir palavras e frases-chave nessas descrições, você contribui para um esforço conjunto do SEO. É bom saber que, além de muito importante, o uso eficaz do texto alternativo é obrigatório por lei, na União Europeia, em virtude do Disability Discrimination Act. Independente de qual seja a sua localização, os textos alternativos são importantes para ajudar as pessoas a acessar seu site e impactam o SEO.

Otimização na página em perspectiva

Depois de percorrer todo o processo de identificação das palavras e frases mais importantes e de tê-las incluído em suas páginas, nos locais adequados, você também concluiu os fundamentos da otimização na página. Os mecanismos de pesquisa se tornam cada vez mais inteligentes e capazes de compreender as interconexões de diferentes tópicos e temas, e o Google, em especial, está ficando muito bom em interpretar o contexto, assim como as palavras de determinado conteúdo. Por essa razão, você não deve ficar muito obcecado pela otimização da página, mas sim em oferecer valor por meio do conteúdo. Isso nos leva a um próximo passo extremamente importante em SEO.

Construção de links

Se a otimização da página diz aos mecanismos de pesquisa sobre o que é seu conteúdo, a construção de links atesta aos mecanismos de pesquisa a autoridade desse conteúdo. Um link de outro site para o seu conteúdo é visto como um voto de confiança. Só se "linka" para um conteúdo que é considerado proveitoso ou interessante. Portanto, os links são essenciais para os seus esforços de otimização.

Nem a otimização da página, nem a construção de links podem trabalhar isoladamente, na medida em que ambos são necessários para compreender o tópico e a autoridade do seu site e seu respectivo conteúdo. Construir mais links para aumentar a sua autoridade tem tudo a ver com a criação de conteúdo engajador e interessante, e essa é uma das razões pelas quais o marketing de conteúdo se tornou uma abordagem tão importante nos últimos anos. Se os nossos sites apenas disserem quão grandes somos e como os nossos produtos são ótimos, haverá poucas razões para que se estabeleçam links conosco. Se, por outro lado, fornecermos valor por meio do nosso conteúdo, estaremos estimulando a construção de links, a criação de valor e a indução de engajamento.

Por exemplo, a principal meta comercial do meu site é impulsionar as consultas sobre um produto de *e-learning*, mas grande parte do conteúdo do site é oferecer orientações gratuitas sobre marketing digital. Esse aconselhamento gratuito toma a forma de postagens em blogs, podcasts e relatórios. Todo esse conteúdo atrai links de outros sites, nos quais as pessoas julgam esse conteúdo proveitoso ou interessante, o que, por sua vez, empurra meu site para o topo nos *rankings* de pesquisa.

Sinais sociais

Além de olhar para o número de links de outros sites para o nosso conteúdo, os mecanismos de busca estão cada vez mais interessados no que denominamos "sinais sociais". Esses sinais sociais são as conversas que estão acontecendo nas mídias sociais sobre seu site e seu conteúdo. Isso não quer dizer que você pode tuitar mil vezes sobre seu próprio site e que, de repente, você saltará para o topo dos *rankings* de pesquisa! Lembre-se de que, no Capítulo 5, falamos sobre o Klout, um serviço de *scoring* que tenta pontuar a influência social de determinado usuário ou conta de mídia social. As principais ferramentas de pesquisa têm um processo interno que atua de modo semelhante, e estão tentando acessar a quantidade e a qualidade dos sinais sociais que estão sendo emitidos sobre o seu conteúdo.

Isso significa que usar as mídias sociais para induzir os usuários a discutirem, a se engajarem e a compartilharem o seu conteúdo é muito importante. Compartilhar sua atualização mais recente nas plataformas sociais adequadas pode não só gerar sinais sociais, mas também estimular novos links para o seu conteúdo.

Mensurando a autoridade do link

São muitas as ferramentas e métodos para mensurar a eficácia das nossas estratégias de construção de links e até que ponto nosso site é visto como autoridade. Todas consideram dois aspectos essenciais: a qualidade e a quantidade de links e os sinais sociais para o nosso conteúdo.

> **ALGORITMOS DOS MECANISMOS DE PESQUISA**
>
> Grande parte do esforço das agências de SEO é para compreender os algoritmos usados pelas agências de SEO para ranquear o seu conteúdo nos resultados de pesquisas. Na minha opinião, esse empenho é, cada vez mais, perda de tempo. Quanto mais inteligentes os mecanismos de busca se tornam, mais complexos ficam os seus algoritmos, e mais fútil passa a ser a tentativa de decodificar esse conjunto de regras. Ouvi de alguém da Google que, na verdade, mesmo na Google, são poucas as pessoas que conhecem e compreendem todo o conjunto de regras, pois se trata de algo muito grande e complexo. Em vez de focar na tentativa de ser mais esperto que os engenheiros da Google (boa sorte!), devemos focar em criar conteúdo útil e engajador.

Open Site Explorer

Essa é uma excelente ferramenta da Moz – a moz.com oferece enorme variedade de ferramentas SEO como parte da assinatura mensal. Você também pode acessar gratuitamente o Open Site Explorer de forma limitada. Nessas condições, eles não lhe oferecem todos os recursos, os resultados são limitados e é possível usar a ferramenta somente três vezes por dia, mas, mesmo assim, é bastante útil (ver Fig. 6.7).

FIGURA 6.7: O excelente Open Site Explorer, da Moz

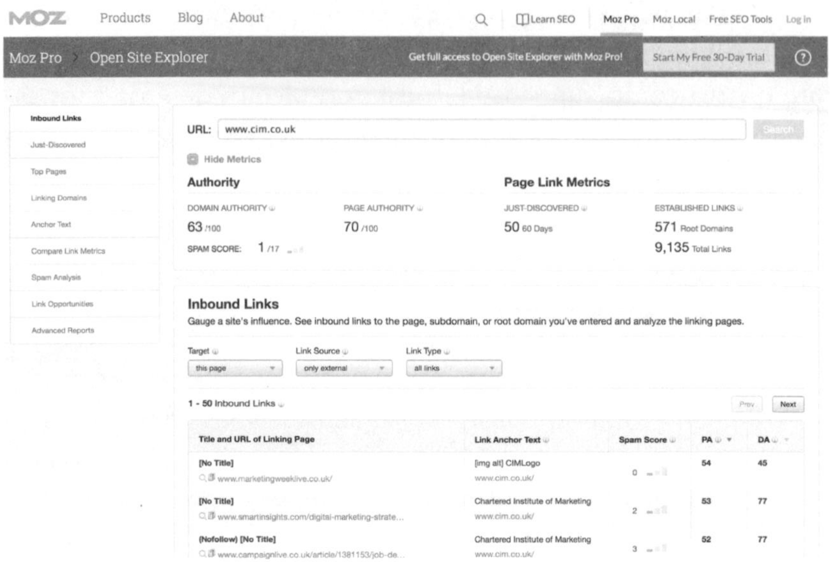

Quando você entra em um site ou em determinada página da internet pela ferramenta, ela lhe oferece uma série de informações sobre a quantidade e a qualidade dos links para aquela página.Você recebe uma pontuação de 0 até 100 pelo nível de autoridade do seu domínio, assim como da sua página. É uma ótima forma de fazer *benchmarking* do seu próprio site e dos concorrentes.A versão paga também mostra alguns dados sobre sinais sociais de um número limitado de redes sociais.

Resumo sobre o SEO

Podemos sintetizar o SEO *mobile* em alguns passos simples:

- **Jornada do usuário** – compreenda o que a sua audiência-alvo pode estar pesquisando e por quê. Faça questão de compreender a jornada do usuário e de saber como a pesquisa se encaixa nela.

- ***Spiders*** – Garanta que o seu conteúdo seja visível para os mecanismos de busca.
- **Pesquisa de palavras-chave** – Compreenda o que a sua audiência-alvo está pesquisando e faça uma lista de palavras e frases que gostaria de ranquear.
- **Otimização da página** – inclua essas palavras na sua página, nos lugares certos.
- **Construção de links** – desenvolva uma estratégia de conteúdo que estimule a inclusão de links para o seu conteúdo e discussões sobre ele.
- ***Benchmarking*** – mensure e melhore os seus esforços em SEO.

Pesquisa paga ou *pay-per-click* (PPC)

O *pay-per-click* (PPC) é o outro lado da pesquisa. A sua principal vantagem é a nossa capacidade de controlá-lo e direcioná-lo com precisão.

Sendo assim, como será que a pesquisa paga se encaixa no *branding*? Não se trata de exibição, ou seja, não é o fato de seu anúncio aparecer, e mesmo que as pessoas não cliquem nele, só por ser visto ele já impacte o seu *branding*. Trata-se da resposta direta e da condução da audiência por meio de conteúdo relevante, em um estágio adequado na jornada do usuário. A experiência de encontrar o que estão procurando – a experiência que seu conteúdo oferece – é o que impacta seu *digital branding*.

Se você recebe de uma agência de publicidade ou de um *freelancer* a promessa de primeiro lugar nos *rankings* das páginas de resultados de buscas, uma dessas duas coisas está acontecendo: ou estão falando de PPC ou estão mentindo. Ninguém pode garantir o primeiro lugar no *ranking* do Google, mesmo que alguém já tenha feito isso antes, milhares de vezes, pela simples e única razão de que só o Google controla o *ranking* (ver Fig. 6.8).

FIGURA 6.8: Pesquisa paga em ação no Google

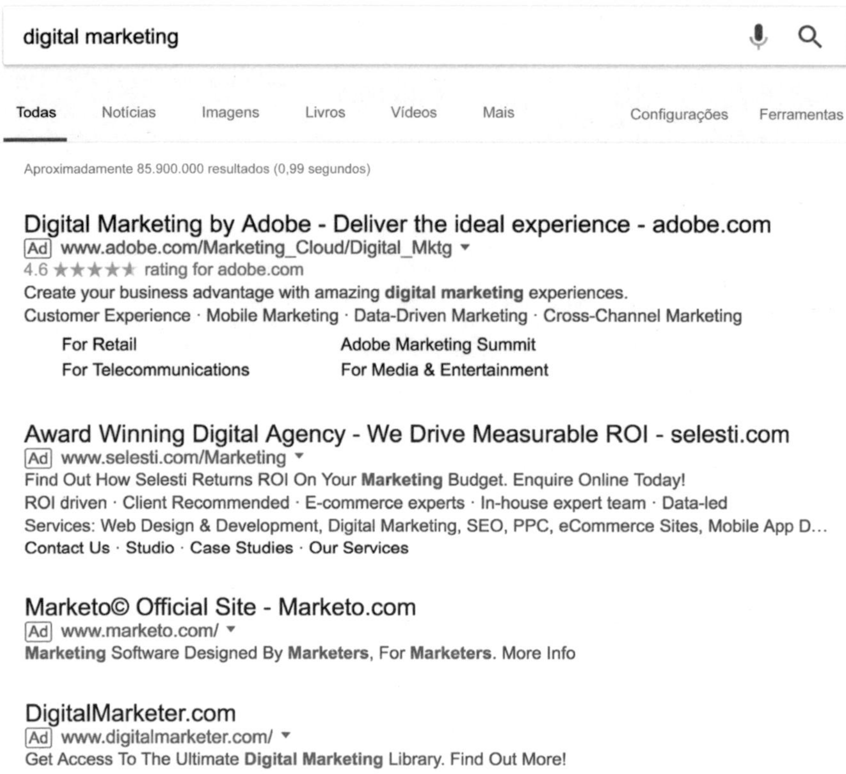

(Google e o logo do Google são marcas registradas da Google Inc., usados com permissão.)

Outra grande vantagem do PPC é a velocidade. Você pode ser o primeiro nos *rankings* de pesquisa quase imediatamente, se estiver disposto a pagar. A pesquisa orgânica pode demorar meses para alcançar boas posições nos *rankings*, e, mesmo assim, não há garantias. Além disso, não confunda pesquisa orgânica com gratuidade. Embora você não pague por todos os cliques, você gastará tempo e esforço criando conteúdo, entre outras coisas.

O PPC é um sistema de leilão. Quanto mais você estiver disposto a pagar por clique, maior visibilidade terá o seu anúncio. Isso também quer dizer que quanto mais competitivo for seu setor específico e as palavras que você escolher como alvo, mais caro será o processo.

Fundamentos do PPC

Os principais passos do planejamento e implementação de uma campanha PPC *mobile* são:

- Pesquisar as palavras-chave.
- Criar o conteúdo textual do anúncio.
- Selecionar outras características do anúncio.
- Definir os critérios de segmentação.
- Definir orçamentos e lances.

Pesquisa de palavras-chave no PPC

Certamente haverá pontos em comum entre isso e a pesquisa de palavras-chave que você faz para as campanhas SEO, e você usará as mesmas ferramentas. No entanto, um aspecto fundamental a compreender sobre o PPC é que quanto mais exata for a seleção de palavras e melhor for a compatibilização dessas palavras com o seu conteúdo textual de anúncios e as suas *landing pages*, maior será o sucesso da sua campanha.

As palavras que você seleciona para suas campanhas de PPC influenciarão seus anúncios. Você pode selecionar termos de pesquisa genéricos, de modo a atrair muito tráfego; essa é uma ótima forma de gastar muito dinheiro e de conseguir poucos resultados. Outra opção é usar muitos termos de pesquisa diferentes e, novamente, gastar seu orçamento. Em geral, uma frase-chave muito específica, que impacta positivamente um anúncio específico, e que envia o pesquisador a uma *landing page* muito específica e relevante gastará o máximo do seu orçamento.

Criar o conteúdo textual do anúncio

Basicamente, um anúncio PPC é composto de várias linhas de texto (também pode incluir uma imagem com o novo Visual Sitelinks, do Google) e um link para o seu site (ou vários links).

Esse conteúdo textual, também conhecido por *copy*, é o que chama a atenção do pesquisador e atrai o clique no link para seu site. Não entraremos em técnicas de *copywriting*, ou redação publicitária, pois muito tem sido escrito sobre esse assunto, mas as palavras do seu anúncio precisam refletir o contexto adequado.

Lembre-se de que você pode criar várias versões do seu texto de anúncio. A maioria dos sistemas PPC analisarão automaticamente esses anúncios e identificarão o que está atraindo mais cliques e/ou conversões.

PESQUISA PAGA E DISPOSITIVOS *MOBILE*

Uma iniciativa muito importante é a mudança do sistema PPC do Google (Adwords) para um modelo contextualizado. A consequência disso é que não estamos simplesmente fazendo um anúncio para desktop ou laptop e outro para *mobile*. O que realmente fazemos é configurar uma única campanha com várias opções diferentes, baseadas no contexto da pesquisa; o que inclui o dispositivo em que você está pesquisando, a hora do dia e a sua localização. Com base nesse contexto, posso usar diferentes opções de anúncio e definir as combinações dos meus lances. Fazemos isso usando uma técnica denominada *bid adjustments*.

Para mais informações sobre Google Bid Adjustments, dê uma olhada no guia do Google: **https://support.google.com/adwords/answer/2732132**.

Outros recursos dos anúncios

Google (e Baidu) oferecem outras várias opções para melhorar seus anúncios PPC. Um exemplo no Google é a possibilidade de incluir links para diversas páginas do seu site. Também é possível adicionar aos seus anúncios links para mapas da sua localização.

Esses outros recursos dos anúncios servem a dois propósitos: primeiro, eles claramente estimulam o usuário a agir em resposta aos seus anúncios; segundo, na medida em que diferenciam visualmente o seu anúncio e aumentam o tamanho total dele, também aumentam a probabilidade do seu anúncio ser notado.

Defina critérios de segmentação

Você pode segmentar com base em critérios de localização. A segmentação por localização se divide em três áreas-chave no Google (a maioria dos outros sistemas seguem princípios semelhantes, embora a exatidão possa ser pior, em especial no Baidu):

- Segmentação pelo local físico do qual se faz a pesquisa (p. ex., pesquisar "hotéis" enquanto se está em Nova York).
- Segmentação pelo que a pessoa está pesquisando (p. ex., pesquisar "hotéis em Nova York").
- Segmentação pela intenção – esse critério é baseado em vários fatores, como pesquisas anteriores (p. ex., pesquisar "hotéis", depois de ter pesquisado "viagem para Nova York" e "melhores voos para Nova York").

Defina orçamentos e lances

Além de definir o seu orçamento diário (o máximo que você está disposto a gastar em anúncios por dia), você pode estabelecer o seu custo máximo por clique (CPC). O CPC é o principal fator que determina onde seu anúncio aparece na página. Como os sistemas PPC geralmente funcionam como um leilão, quanto mais você estiver disposto a pagar por clique, mais alto na página seu anúncio aparecerá, e maior visibilidade terá. Essa visibilidade deve resultar em cliques, assumindo que o conteúdo do anúncio seja atraente para o pesquisador. No entanto, você não deve presumir que é sempre melhor estar nas posições mais altas da página. Talvez você chegue à conclusão de que estar mais abaixo na página signifique pagar menos por cada clique e ser clicado menos vezes, e também receber mais retorno pelo investimento. Por isso é que, para receber o máximo de valor pelo seu orçamento, é preciso testar e ajustar as suas campanhas de forma continuada.

O CPC pode ser definido em diferentes níveis: você pode aplicar um limite único para um grupo de anúncios ou apenas para determinada frase-chave. Muitos sistemas, inclusive o Google, têm uma opção de *bidding* (lance) automático, que tentará maximizar o número de cliques que você recebe pelo seu orçamento. Lembre-se, porém, de que o volume máximo de tráfego não significa necessariamente a quantidade máxima de conversões no seu site.

No Google Bid Adjustments, você também pode ajustar os seus lances, de acordo com informações contextuais, como dispositivos *mobile* e hora do dia. Por exemplo, você pode concluir que pesquisas *mobile* têm maior probabilidade de se converterem em negócios. E, por isso, talvez você se disponha a pagar mais por clique *mobile*.

No Google Adwords, você também tem a opção de adotar o *bidding* com base em regras, ou seja, você ajusta automaticamente o seu lance (dentro de certa faixa) para sempre manter o seu anúncio em certa posição. Isso pode ajudá-lo a automatizar o seu *bidding* para considerar mudanças nos níveis de competição.

Considerações sobre o PPC

Além dos fundamentos do PPC, alguns outros aspectos devem ser considerados ao planejar nossas campanhas, que podem ter impacto significativo sobre o valor que obtemos com os nossos orçamentos.

Gerenciamento e otimização contínuos

Para extrair o máximo dos nossos orçamentos destinados ao PPC, as campanhas devem ser estreitamente monitoradas, testadas e ajustadas em bases contínuas. Os níveis da competição podem mudar, e os lances deverão mudar em conformidade. Você pode concluir que certas palavras-chave estão sendo eficazes, enquanto outras, embora gerando tráfego, não estão se convertendo em negócios. Mais uma vez, será necessário ajustar as suas campanhas. Isso significa que, além de considerar as despesas com PPC, também é preciso incluir os custos do tempo e da gestão eficaz das campanhas (analisaremos a seguir o uso de agências para a gestão de PPC).

Escore de qualidade e Ad Rank

O sistema Google Adwords foca sobretudo em recompensar campanhas altamente direcionadas e em oferecer resultados relevantes aos pesquisadores. Para isso, usam um "escore de qualidade" ao escolher os anúncios a serem mostrados e em que altura da página serão exibidos. O escore de qualidade leva em conta inúmeros fatores, mas também considera aspectos como a taxa de cliques (*click-through rate* – CTR) do seu anúncio como indicador de relevância. Em outras palavras, os anúncios considerados relevantes são empurrados para a posição mais alta na página e é possível que o seu apareça acima do anúncio de alguém que efetivamente pagou mais por clique do que você.

Outros fatores de qualidade incluem a palavra ou frase que foi pesquisada no anúncio e na *landing page* para a qual você está enviando os pesquisadores.

O seu escore de qualidade é combinado com outros fatores, como o valor do seu lance e o impacto esperado do formato do anúncio, para atribuir-lhe um *Ad Rank* (classificação do anúncio) total. Essa classificação do anúncio define onde ele é exibido.

Quanto mais relevante for o seu anúncio, melhor será o seu escore de qualidade e maior será a visibilidade alcançada com o seu orçamento. Isso também significa que o Google recompensa anúncios relevantes, o que indica que os pesquisadores veem como mais relevantes os anúncios PPC, levando-os a clicar mais nesses anúncios, gerando mais dinheiro para o Google. Muito inteligente!

Rastreando conversões

Como em qualquer atividade de marketing digital, precisamos compreender qual é o impacto que isso está exercendo em nossos resultados financeiros. A maioria dos sistemas PPC oferecem alguma capacidade de rastrear além do clique e ver o que acontece depois. Afinal, todo o tráfego do mundo é inútil se o visitante do seu site for embora muito rapidamente.

Trabalhando com agências PPC

As agências podem ajudá-lo a extrair o máximo dos seus orçamentos de PPC, planejando e configurando as suas campanhas com eficácia, e as gerenciando permanentemente. Também é possível que aumentem os seus custos e ofereçam poucos benefícios. Se você pretende trabalhar com agências, é preciso ser muito claro sobre o valor que agregam e se geram um retorno positivo sobre o investimento (ROI).

Conforme minha experiência em trabalhar com muitas agências, e já tendo dirigido um instituto de pesquisa, há alguns aspectos importantes a considerar:

- **Condições de pagamento** – Muitas agências de PPC cobram uma porcentagem dos gastos. Então, por exemplo, você paga à agência 20% do que gastou com os cliques. Essa abordagem não faz sentido, por algumas razões: primeiro, mais dinheiro nem sempre significa mais trabalho para gerenciar o orçamento. É até possível que sim, mas tudo se resume em como o orçamento está sendo gasto. Segundo, a agência não tem incentivos para economizar o seu dinheiro e reduzir o seu orçamento – uma vez que esses resultados reduzem os honorários da agência.

- **Controle da campanha e taxas de transferência** – Meu intuito aqui é recomendar muito cuidado com os contratos de agências de PPC, pelos quais elas controlam os dados da campanha e/ou que estipulam uma taxa de transferência da campanha. Isso pode significar que você paga pela criação da campanha, mas quando deixa de trabalhar com a agência, você paga pela transferência da conta ou começa tudo de novo. Também pode significar que, se você rompe com a agência que dirige o seu PPC, você não tem mais acesso aos dados coletados durante a campanha, tais como quais anúncios ou frases-chave geravam melhores resultados e, portanto, você terá de refazer o teste e aprender o processo desde o início.
- **Qual volume de trabalho você está conseguindo para o seu orçamento** – Muitas campanhas de PPC são gerenciadas por uma taxa mensal, mas depois que a campanha arranca e acelera, pegando velocidade, é muito fácil relaxar deixando as coisas andarem por si próprias, sem fazer nada. Por essa razão, em vez de uma conta mensal pelo "Gerenciamento da Campanha", você precisa de um detalhamento dos trabalhos que de fato foram executados. O sistema Google Adwords pode rastrear todas as mudanças efetuadas na campanha durante determinado período, o que o ajuda a descobrir o que foi feito. Mesmo depois de conseguir esses desdobramentos, cuidado com a onipresente e abrangente "pesquisa de palavras-chave". É uma atividade válida, mas é necessário compreender em que consistiu a pesquisa de palavras-chave e em que resultou.

SEO e PPC trabalhando juntos

Precisamos considerar como o SEO e o PPC podem trabalhar juntos, com eficácia, como parte do nosso *digital branding*. Frequentemente me perguntam se vale a pena se incomodar com publicidade PPC, caso você já estiver em primeiro lugar num termo de pesquisa, nos resultados de pesquisa orgânica. A única forma de realmente responder a essa pergunta é fazer o teste. Olhe para os seus resultados com e sem PPC e a resposta será exata. Esse teste é ainda mais necessário na pesquisa *mobile*, por causa dos diferentes focos e motivações dos usuários. Certamente ocorrerá alguma canibalização – ou seja, pessoas clicando em seus anúncios pagos, que também teriam clicado nos seus resultados de pesquisa orgânica, mas é importante identificar o tráfego adicional gerado e verificar como as conversões do tráfego PPC e do tráfego SEO são diferentes.

Conclusões sobre pesquisas

A pesquisa é parte eficaz e essencial do seu kit de marketing digital, e será ingrediente fundamental da jornada do usuário. Portanto, exerce enorme impacto sobre o nosso *digital branding*. Fazer questão de compreender plenamente nossa audiência-alvo, suas motivações e necessidades, e considerar tudo isso no conteúdo que fornecemos (e otimizamos) é requisito indispensável para qualquer organização. Daí decorre que campanhas de pesquisa planejadas e implementadas com eficácia podem ser um de nossos propulsores de negócios mais importantes e influenciarão substancialmente nosso *digital branding*.

OPINIÃO

ALINA GHOST, *SEO Marketing Manager* na Tesco

Atuo no setor há mais de cinco anos, trabalhei para empresas como Carpetright, Debenhams, e hoje estou na Tesco. Como você pode imaginar, a Tesco é um negócio complexo, e o trabalho de SEO não é diferente. Descobri, no entanto, que três atividades importantes podem ser feitas parar tornar toda a tarefa de SEO mais viável e eficaz. São elas: categorização, priorização e capacitação.

Categorização

Em um negócio complexo, pode ser difícil saber onde expor os seus produtos ao estruturar a hierarquia do seu site, pois o espaço é limitado nas principais áreas de navegação. São dois aspectos principais a considerar na categorização de produtos. Primeiro, é preciso facilitar tanto quanto possível para os clientes encontrarem os produtos que estão procurando. Segundo, é bom lembrar-se de que o mecanismo de pesquisa usa a hierarquia do seu site e seus links internos para determinar a autoridade das suas páginas. Essa última é um dos principais fatores de ranqueamento, que o ajudará a ser mais visível nas páginas de resultados dos mecanismos de pesquisa. Portanto, executando ambas as recomendações, você melhorará não só a experiência do usuário (e, também, a capacidade de conversão do site, pois os clientes encontrarão o seu produto com mais facilidade), mas também os seus *rankings* naturais.

Priorização

Comece compreendendo completamente os objetivos do negócio, para saber em que trabalhar até o fim do ano. Dessa forma, você será capaz de integrar tarefas gerenciáveis, que o ajudarão a alcançar metas abrangentes. Além disso, é importante conhecer suas categorias prioritárias, porque, se o seu negócio for complexo, haverá uma ampla variedade de áreas, e isso o ajudará a focar em uma quantidade viável de categorias. Por fim, não se esqueça de trabalhar com o seu time para aplicar a atividade de SEO a produtos em que você tem amplitude e disponibilidade suficientes.

Capacitação

É a atitude de permitir que outras pessoas o ajudem a manter e a melhorar seus *rankings* orgânicos. Desde construir relacionamentos com as pessoas que trabalham com você até orientar e oferecer treinamento aos times internos. Você precisa compreender como os outros trabalham, mostrar aos colegas o que você está fazendo, como você está fazendo e, mais importante, por que você está fazendo. Minha recomendação final aqui seria compor um processo para garantir que qualquer coisa que seja prejudicial ao desempenho do seu *ranking* orgânico não vá para frente. Uma forma de alcançar esse resultado é pedir que o time de SEO obtenha aprovação final antes de partir para a execução dos projetos.

Essas três recomendações são muito simples, mas você se surpreenderá com a facilidade com que são negligenciadas. Elas são fundamentais para a eficácia do trabalho de SEO, pois a integração de tarefas nos negócios complexos se torna mais administrável.

Referências e leituras complementares

CAMPAIGN. *Cadbury 'Gorilla' Wins Campaign of the Year.* 2007. Disponível em: <http://www.campaignlive.co.uk/features/773064/>. Acesso em: 19 abr. 2017.

FALLON. *Glass & a Half Full Productions – We Are Fallon.* 2017. Disponível em: < http://www.fallon.co.uk/work/show/id/22>. Acesso em: 19 abr. 2017.

GOOGLE. *Google's Mobile-First Index and Its SEO Impacts.* 2016. Disponível em: <https://webmasters.googleblog.com/2016/11/mobile-first-indexing.html>. Acesso em: 19 abr. 2017.

MARKETING WEEK. *Cadbury 'Gorilla' Ad Drives UK Sales.* 2008. Disponível em: <http://www.marketingweek.co.uk/cadbury-gorilla-ad-drives-uk-sales/2059658.article>. Acesso em: 19 abr. 2017.

STATISTA. *Average Number of Search Terms for On-line Search Queries in the United States as of February 2017.* Disponível em: <https://www.statista.com/statistics/269740/

number-of-search-terms-in-internet-research-in--the-us/>. Acesso em: 19 abr. 2017.

VIMEO. *Cadbury Dairy Milk: Gorilla (90'High Res)*. 2017. Disponível em: <https://vimeo.com/21059963#>. Acesso em: 19 abr. 2017.

WHITEHEAD, J. Gorilla Ad Works Its Magic on Sales of Cadbury Bars. *Campaign*. 2008. Disponível em: <http://www.brandrepublic.com/news/784573/Gorilla-ad-works-its-magicsales-Cadbury--bars/>. Acesso em: 19 abr. 2017.

CAPÍTULO 7

MOBILE

O principal problema com o conceito de marketing *mobile* é que ele imediatamente nos faz focar no dispositivo. Na realidade, o dispositivo em si é a última coisa em que devemos pensar. Para contextualizar a discussão, é preciso responder a duas perguntas: o quão grande meu smartphone pode ser antes de se tornar um tablet? E, se a tela do meu laptop for dobrável e sensível ao toque, ele é um tablet?

O fato é que a linha divisória entre dispositivos *mobile* e não *mobile* são tênues, e continuarão assim à medida que a tecnologia muda. O que tudo isso indica é que o marketing *mobile* não se resume ao dispositivo; também consiste em mudar a jornada do usuário. Como tenho falado repetidamente, precisamos focar na jornada do usuário e compreendê-la para maximizar nossas iniciativas em marketing digital. Em consequência, nosso *digital branding* deve levar em conta as mudanças na jornada do usuário provocadas pelos dispositivos *mobile*.

Esse alinhamento com a jornada do usuário e com os verdadeiros desejos do consumidor é essencial e, embora pareça óbvio, quase sempre é esquecido nas campanhas de marketing *mobile*. O motivo desse conceito básico de compatibilização com as exigências do consumidor ser desconsiderado é que nós, os parceiros e agências com as quais trabalhamos somos cegos para a tecnologia e para as escolhas criativas.

Tecnologia por amor à tecnologia

O simples fato de podermos criar um aplicativo não significa que devemos criá-lo. O fato é que, na maioria das situações, você realmente precisa pensar em sites *mobile* antes de pensar em aplicativos móveis. Usar a tecnologia de forma imprópria, sem definir objetivos e sem descrever um *business case*, ou caso de uso, claro, não é nada novo.

Com base na minha experiência, a maioria das contas de empresas no Instagram e no Facebook são criadas com pouca ou nenhuma ideia de propósito. Isso acontece porque um funcionário sênior achou uma boa ideia, sem saber bem o motivo, e o funcionário júnior executou a instrução, sem levantar qualquer dúvida; ou porque alguém na empresa viu que os concorrentes estavam agindo assim e percebeu que a empresa estava perdendo uma oportunidade. Não se deve concluir que se trata necessariamente de canal errado ou de má ideia, mas sim, que fazer alguma coisa sem objetivos ou sem um *business case* é a receita certa para o fracasso.

Jornada e contexto do usuário

Já mencionei algumas vezes a jornada do usuário, mas vamos tentar compreendê-la com um pouco mais de detalhes. Precisamos conhecer aonde a nossa audiência-alvo quer ir, descobrir o seu caminho para chegar lá, ver como os dispositivos *mobile* se encaixam nesse percurso, e, então, oferecer as experiências certas e o conteúdo adequado para alcançar esses objetivos.

Parte do percurso será na **fase de descoberta** (também denominada "impulso" ou "estímulo", entre dezenas de outros nomes), na qual tentamos conscientizar, educar e incentivar alguma forma de ação subsequente. Outra parte ocorrerá na **fase**

de engajamento. Trata-se aqui de atividades que induzem o envolvimento, geram experiências e levam aos objetivos finais do usuário (ver Quadro 7.1).

QUADRO 7.1: Fase de descoberta e engajamento no marketing *mobile*

Fase de Descoberta	Fase de Engajamento
E-mail para *mobile*	Sites para *mobile* (responsivos)
Display ads para *mobile*	Aplicativos (Apps)
Pesquisa paga para *mobile*	Mídias sociais otimizadas para *mobile*
Pesquisa orgânica para *mobile*	Pagamento e cupons para *mobile*
Estímulo off-line (p. ex. QR codes)	Interação baseada em localização
Notificações *push*	

A linha entre descoberta e engajamento fica cada vez mais tênue à medida que avançamos para a interação baseada em localização (engajamento com a marca enquanto se está dentro da loja, por exemplo), mas essas fases podem começar a lançar as bases para pensarmos em como o *mobile* se encaixa na jornada do usuário.

Intenção local

Até agora não mencionei o consumidor local, não porque esse tipo de consumidor não seja importante, mas porque pode ser fator de dispersão ou fonte de distração em uma perspectiva mais ampla. Se o seu negócio tem algum tipo de oferta local, ela pode ser extremamente poderosa, mas isso remete ao nosso conceito de compreender os objetivos e o contexto da audiência-alvo, e, então, usar tecnologias *mobile* para entregar a solução mais adequada.

De acordo com o Google, em *The Mobile Playbook*, 87% dos usuários de smartphones mantêm o dispositivo ao seu lado, dia e noite (Spero, 2012). Se estou procurando um hotel local, o ponto de ônibus mais próximo, um fornecedor de peças para a minha marca de laptop nas imediações, e assim por diante, esse tipo de pesquisa é transformadora para o usuário de dispositivos *mobile* e para qualquer negócio potencial.

Dispositivos integrados

Agora, nossas expectativas em relação a dispositivos *mobile* são radicalmente diferentes, e os smartphones e tablets são, de fato, dispositivos de computação e comunicação totalmente integrados. Essa integração é o que provocou uma mudança radical nas formas de utilização, e precisamos compreendê-la para fazer o melhor uso possível do marketing *mobile*.

Quando consideramos o nível de pesquisas na internet feitas em dispositivos *mobile*, as interações nas mídias sociais e o fluxo de entrada e saída de e-mails (temas que analisaremos daqui a pouco), logo percebemos que o uso de dispositivos *mobile* está ficando cada vez mais relevante.

Distração pela tecnologia

É fácil empacar ao escolher em quais dispositivos *mobile* rodar o seu aplicativo, ao estimar o impacto de uma nova versão de smartphone e ao avaliar até que ponto o design responsivo do seu site é realmente eficaz. Tudo isso é relevante por causa dos resultados das suas campanhas *mobile*, mas a realidade é que os seus consumidores *mobile* não estão muito ligados nessas questões. O que querem é as coisas sejam feitas.

Design responsivo não significa absolutamente nada para a maioria das pessoas, nem deveria (e, talvez, nem para você, neste exato momento). Você precisa se ligar nos aspectos técnicos da sua estratégia *mobile*, mas não os seus usuários. Eles nem devem percebê-los.

Compatível com *mobile* não quer dizer otimizado para *mobile*

Só porque o seu site funciona em dispositivos *mobile* não significa que seja otimizado para *mobile*. O que estou dizendo é que o site pode carregar bem no meu telefone, mas se eu precisar dar zoom o tempo todo para ver alguma coisa com clareza, a experiência não é otimizada.

O que precisamos considerar agora é o que a minha audiência-alvo tende a fazer, em qual contexto e em quais dispositivos. Posso, então, me certificar de que assinalei as caixas certas para tornar a experiência tão indolor quanto possível.

Quanto ao tempo gasto para o site carregar, os usuários são ainda mais impacientes nos dispositivos *mobile* do que nos desktops ou laptops (Hewitt, 2017). Eles já enfrentaram tantos sites *mobile* ruins que simplesmente desistem com muita rapidez. Por outro lado, se pudermos criar uma experiência *mobile* completa, temos melhores chances de alcançar os objetivos e assim desenvolver lealdade dos usuários.

Desafios da tecnologia

Depois de tudo isso, você talvez esteja pensando em algo do tipo: "Tudo bem dizer que a tecnologia não importa, mas preciso fazer escolhas, e sempre que mudo, gasto dinheiro." Você está 100% certo, e a realidade é que sempre foi assim em marketing. Precisamos decidir onde gastar dinheiro e como priorizar o orçamento. O verdadeiro problema aqui é que agora o número de opções é maior, e que não fazemos as perguntas certas.

Fazendo as perguntas certas

Em vez de perguntar se é melhor desenvolver um aplicativo para Android ou iOS (se você não tem ideia do que estou falando, dê uma olhada no box a seguir), você deve perguntar quais dispositivos a sua audiência-alvo usa e quais grupos oferecerão resultados iguais ou superiores pelos mesmos custos, ou seja, com economicidade. Vamos estruturar a questão por um instante, deixando de lado o *mobile*. Se eu decidir escolher uma audiência-alvo, mas só puder focar em 50% dela, preciso decidir em qual das metades apostar. Não faço isso baseado em opinião. O mais provável é que eu considere o valor vitalício do cliente, ou *lifetime value* (LTV), quanto custará conquistá-lo, e outros critérios de natureza comercial. O mesmo se aplica às diferentes plataformas que escolhemos e decisões que tomamos em nossas estratégias para *mobile*.

GUERRAS ENTRE PLATAFORMAS

É importante conhecer os principais *players* do mercado de sistemas operacionais *mobile*. Para facilitar, só estamos considerando aqui as plataformas mais importantes para smartphones e tablets. O sistema operacional é o software básico do smartphone, e impacta a funcionalidade do hardware. O mais importante para nós, porém, é que os aplicativos desenvolvidos para uma plataforma, geralmente, não rodam em outra. Os principais sistemas operacionais são:

- **Android** – sistema operacional *mobile* da Google. É de código aberto, ou seja, teoricamente, pode ser usado e adaptado por qualquer pessoa. Também tem sido adotado pela Open Handset Alliance (OHA), que inclui grandes fabricantes de aparelhos celulares, como Samsung, Sony e HTC.
- **iOS** – sistema operacional da Apple, usado nos produtos iPhone, iPod, AppleTV e iPad. É muito parecido com o OS X, usado nos computadores Mac, da Apple.
- **Windows Mobile** – é usado por vários fabricantes de aparelhos celulares. Não é compatível com o Windows para PCs.

Além dessas plataformas, com a maior fatia de mercado, há muitas outras. Dê uma olhada na Wikipédia só para ver a quantidade e a variedade, e não se preocupe com elas! Basta acessar: **http://wikipedia.org/wiki/Mobile_operating_system**.

Segmentação da audiência

Só porque 40% do planeta usa um determinado tipo de sistema operacional *mobile*, isso não garante que a sua audiência-alvo, no seu mercado-alvo, também usa. Por isso, você não deve confiar em muitas das estatísticas que são publicadas. Se você precisar de alguma orientação inicial, dê uma olhada no próximo capítulo, que tenta resumir as principais tendências e estatísticas de cada região do mundo.

Na realidade, sua audiência-alvo provavelmente não se alinhará com os padrões do seu mercado específico, e se você estiver atuando em meio a múltiplas regiões, a coisa sem dúvida fica mais complicada. O que precisamos fazer é coletar alguns insights de mercado, como ocorre em relação a qualquer outro aspecto do marketing. É possível fazer isso mediante pesquisas do tipo *survey*, perguntando para a sua audiência-alvo qual é o tipo de sistema operacional *mobile* que ela mais utiliza.

Tecnologia sem atrito

O que almejamos é tornar o processo de alcançar os objetivos dos consumidores tão simples e transparente quanto possível. Essa ideia de construir um fluxo tão completo quanto possível é denominada "tecnologia sem atrito", ou *frictionless technology*. O que sempre devemos levar em consideração em nosso marketing *mobile* é o objetivo do usuário, e como realizar com mais eficácia esse objetivo, usando a tecnologia certa, no lugar certo.

Sites *mobile* e design responsivo

Vamos deixar claro o seguinte, desde o começo: você precisa de um site *mobile* otimizado. Em outras palavras, não basta que o seu site por acaso funcione em dispositivos *mobile*. O fundamental é que a jornada do usuário no *mobile* seja o ponto principal e que você ofereça uma experiência otimizada, concebida sob medida para dispositivos *mobile*. É preciso considerar as diferentes soluções técnicas e escolher a abordagem mais adequada. Também é necessário não se deixar desviar pelas limitações da sua atual plataforma web ou do seu sistema de gerenciamento de conteúdo.

Comece com os fundamentos

Desde 2016, a maioria das visitas a sites é feita por meio de dispositivos *mobile* (Titcomb, 2016). Em 2017, o Google adotou a indexação *mobile-first*, ou seja, o *mobile* em primeiro lugar (Target Internet, 2017). Desta forma, o Google lê primeiro a versão *mobile* do site para definir o conteúdo. A priorização do *mobile* é fundamental para a eficácia do *digital branding*.

Foco na jornada do usuário

O principal ponto de um site otimizado para *mobile* é oferecer uma experiência mais compatível com as necessidades e contextos do consumidor, ou seja, os consumidores devem ser capazes de acessar a informação ou o serviço oferecido pelo site no dispositivo que estão usando, de forma fácil e eficiente.

Design responsivo

O design responsivo, às vezes denominado design adaptável (embora essas definições de fato se apliquem a realidades diferentes), significa desenvolver um site que se apresenta de forma diferente em dispositivos diferentes. Em outras palavras, o design responsivo pode parecer completamente diferente em dispositivos diferentes, ao adotar um layout mais compatível com cada dispositivo.

Geralmente, essa estratégia é implementada usando uma combinação de tecnologias web. O ponto principal é que essas tecnologias permitem ao mecanismo de busca considerar aspectos como o dispositivo usado pelo visitante do site, a altura e a largura da tela que ele está usando, para, então, definir como exibir a página (ver Fig. 7.1).

FIGURA 7.1: Exemplo de design responsivo na prática, mostrando o site da Target Internet (http://www.targetinternet.com): A Fig. 7.1a apresenta a versão com a largura do navegador maximizada, e a Fig. 7.1b apresenta o mesmo site, com a versão da largura do navegador reduzida

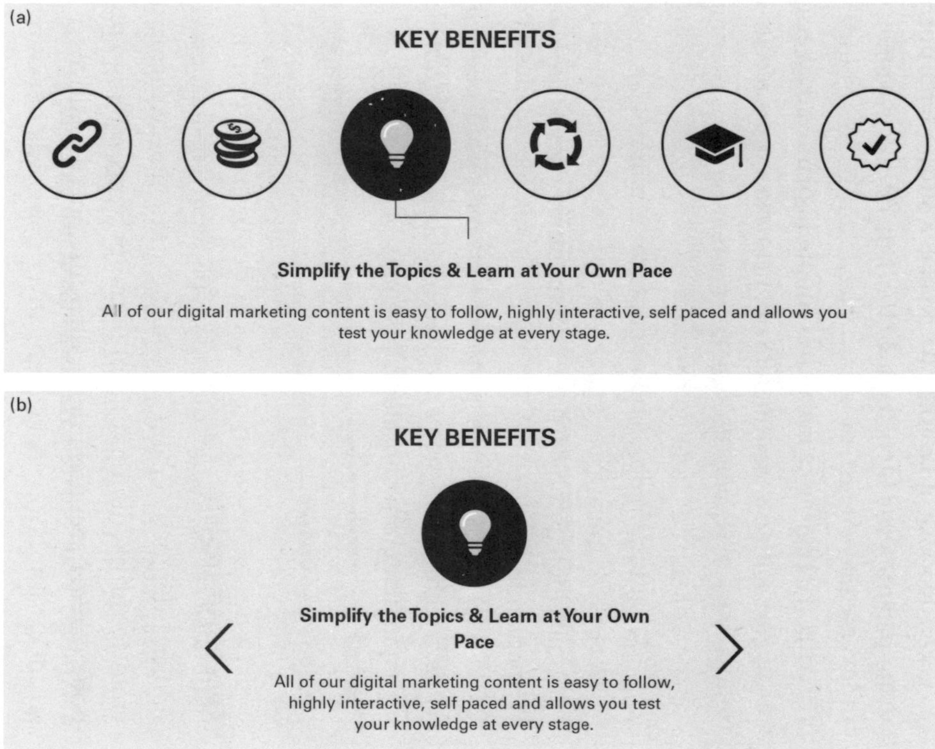

RESPONSIVO *VERSUS* ADAPTÁVEL

Design responsivo e design adaptável são termos muito diferentes, embora sejam comumente usados como sinônimos.

O design responsivo é acionado a partir do seu navegador. Isso significa que a página é enviada para o seu navegador e, então, ele executa o trabalho de exibir os elementos corretos da página. Essa tecnologia é chamada de *client side*, ou "lado do cliente".

Já o design adaptável é acionado no servidor web. O tipo de dispositivo é identificado pelo servidor, que, então, envia a versão adequada do site. Essa é tecnologia é chamada de *server side*, ou "lado do servidor".

A vantagem do design adaptável é não enviar conteúdo excessivo para o navegador, e que talvez não seja usado. O servidor só envia para o dispositivo móvel uma versão *mobile* do site.

O termo "design responsivo" está passando, pouco a pouco, a significar design adaptável, embora os desenvolvedores ainda discutam sobre as diferenças.

Aplicativos mobile

Enquanto eu escrevia este livro, a loja de aplicativos da Apple acabava de ultrapassar a marca de 2,2 milhões de aplicativos; e a Google Play Store, para usuários Android, passava de 2,8 milhões de aplicativos. A Apple pagou a desenvolvedores mais de US$ 20 bilhões em 2016 (Goode, 2017). Essa "corrida do ouro" acarretou uma enxurrada de atividades no mundo do desenvolvimento de aplicativos e a produção de milhões de apps.

Muitas organizações se apressaram e desenvolveram aplicativos, só porque podiam. Presenciei dezenas de conversas que começavam com as palavras "Precisamos de um aplicativo", e se estendiam com uma discussão prolongada sobre o que poderiam fazer e quanto custaria. Como analisamos no Capítulo 5, sobre mídias sociais, não é porque você pode fazer que você deva fazer.

Sites mobile *primeiro*

Se você não tem um site otimizado para *mobile*, esqueça o desenvolvimento do aplicativo e foque, primeiro, na construção de um site otimizado para *mobile*. Já conversamos sobre o grande aumento do tráfego para sites em dispositivos *mobile*, e a realidade é que essa tende a ser a experiência inicial do usuário com a sua presença *mobile*, mais do que com o aplicativo. Isso não significa que os aplicativos não sejam tão importantes, mas é mais provável que você precise, primeiro, de um site otimizado para *mobile*.

Reforçando a proposta de valor

Exatamente como em qualquer outra atividade de marketing, o ponto de partida é alinhar nossos objetivos de negócio com as exigências do usuário e decidir como o nosso aplicativo pode contribuir para esse resultado. Os aplicativos podem ser fantásticos na parte de reforçar a proposta de valor, entregando alguma forma de serviço ou diversão on-line.

Conclusões sobre o *mobile*

Mobile não se resume a dispositivos. Significa, acima de tudo, mudar a jornada do usuário. Para que o nosso *digital branding* seja eficaz, precisamos promover essas mudanças e enfrentar o possível aumento de complexidade daí resultante. Em outras palavras, a tecnologia subjacente aos nossos sites deve adaptar-se com rapidez aos novos dispositivos que nossa audiência usará, e a experiência deverá ser perfeita para o usuário.

Referências e leituras complementares

GOODE, L. Apple's App Store Just Had the Most Successful Month of Sales Ever. *The Verge*. 2017. Disponível em: < http://www.theverge.com/2017/1/5/14173328/apple-december-2016-appstore-record-phil-schiller>. Acesso em: 19 abr. 2017.

GOOGLE. *Micro-Moments: Your Guide to Winning the Shift to Mobile*. 2017. Disponível em: <https://think.storage.googleapis.com/images/micromoments-guide-to-winning-shift-to-mobile-download.pdf>. Acesso em: 19 abr. 2017.

HEWITT, M. How to Ensure You Are Ready for the Mobile-first SERP. *Stickyeyes*. 2017. Disponível em: < https://www.stickyeyes.com/2017/02/24/five-ways-to-ensure--that-you-are-ready-for--themobile-first-serp/>. Acesso em: 19 abr. 2017.

SPERO, J.; WERTHER, J. The Mobile Playbook. *Google*. 2012. Disponível em: <http://www.themobileplaybook.com/uk/>. Acesso em: 19 abr. 2017.

TARGET INTERNET. *Google Moves to Mobile-First Indexing*. 2017. Disponível em: <https://www.targetinternet.com/google-moves--to-mobile-first-indexing/>. Acesso em: 19 abr. 2017.

TITCOMB, J. Mobile Web Usage Overtakes Desktop for First Time. *The Telegraph*. 2016. Disponível em: <http://www.telegraph.co.uk/technology/2016/11/01/mobile-web-usage-overtakes--desktop-for-first-time/>. Acesso em: 19 abr. 2017.

CLEMENT, J. App Stores: Number of Apps in Leading App Stores. *Statista*. 2017. Disponível em: < https://www.statista.com/statistics/276623/number-of-apps-available-in-leading-app-stores/ >. Acesso em: 19 abr. 2017.

CAPÍTULO 8

PUBLICIDADE ON-LINE

Vamos começar sendo céticos ou, quem sabe, pragmáticos! A publicidade on-line é, talvez, o jeito mais fácil do marketing digital desperdiçar o seu orçamento e executar campanhas ineficientes. Isso porque os *banner ads*, ou anúncios do tipo banner, são a parte mais compreensível do nosso *digital branding*, sob a perspectiva da publicidade tradicional. Consequentemente, muitas abordagens dos profissionais de marketing tradicionais têm sido criar anúncios convencionais para a imprensa ou para a TV e, então, convertê-los em versões digitais, no formato de banner. Esse tipo de abordagem é pobre em termos de segmentação e os anúncios acabam sendo distribuídos por meio de canais digitais inadequados. Grande parte da culpa por esse erro é das próprias agências de publicidade, que não compreendem bem o digital, mas também pode ser do canal utilizado, que, às vezes, permite uma abordagem do tipo *broadcast*. Já afirmei neste livro que, para justificar uma atividade de marketing cujo verdadeiro objetivo desconhecemos, geralmente a chamamos de construção de marca ou consciência da marca, situação que se aplica, principalmente, aos anúncios em formato de banner. À medida que a taxa de cliques cai, percebemos que não se trata de cliques, mas fazemos pouco para mensurar a eficácia desse tipo de anúncio.

O lado positivo da publicidade on-line é que agora temos uma ampla variedade de opções de criação e segmentação, que podem melhorar a eficácia dos nossos anúncios, além das análises de dados e critérios de avaliação para julgar o sucesso das iniciativas. Não sou contra a publicidade on-line, mas é sempre prudente ficar de olho no objetivo final.

A publicidade on-line consiste, basicamente, em várias formas de anúncios do tipo banner, inclusive usando vídeo e, como mencionamos no Capítulo 6, a pesquisa paga é uma forma de publicidade. Na realidade, devido a quantidade de diferentes opções criativas, o *banner ad* realmente não abrange tudo o que podemos fazer com os anúncios digitais.

Objetivos da publicidade

Como em qualquer outro aspecto do *digital branding*, devemos começar com a definição clara dos nossos objetivos finais e de como a publicidade on-line contribuirá para a realização desses objetivos. Essa definição é ainda mais importante quando se trata de anúncios on-line, por causa do modo como geralmente esses objetivos são precificados e mensurados.

Grande parte da publicidade on-line é vendida na base do CPM, acrônimo de "custo por mil". Em resumo, você paga um valor para cada 1.000 vezes que o seu anúncio é exibido. Em outras palavras, o pagamento é por exibição, e não por cliques, e muito menos por resultados. Essa não é a única opção, mas é a mais comum. A consequência é o risco elevado de desperdiçar o orçamento com visualizações do anúncio por uma audiência completamente inadequada.

Denomina-se "impressão" cada vez que um anúncio é exibido. Portanto, se atualizo 10 vezes uma página com determinado anúncio, serão contabilizadas 10 impressões. Além disso, se uma página é carregada e nela há um anúncio, mas esse anúncio está abaixo da dobra (além da área da página que consigo ver sem rolá-la), mesmo que o usuário não role a página, também será contada uma impressão. O conceito de impressão também não considera quanto tempo o usuário realmente ficou na página na qual o anúncio foi exibido. A duração dessa visualização de página é chamada *dwell time*, ou tempo de permanência, e mesmo que o meu *dwell time* tenha sido de meio segundo, se o anúncio tiver carregado, conta-se uma impressão. Sem dúvida, precisamos reanalisar com muito cuidado esses critérios de pagamento por exibição.

Outro desafio referente à publicidade on-line é o fato de os resultados frequentemente serem mensurados na base de CTR (*click-through rate*), que significa "taxa de cliques". A realidade é que, mesmo quando recebemos cliques, não se pode concluir que quem visita o seu site sempre fará o que você espera que seja feito. A pessoa pode sair do site assim que chegar, do mesmo modo que alguém que não tenha clicado nos seus anúncios pode interagir com eles de alguma forma e acabar comprando. Por tudo isso, precisamos encontrar critérios melhores do que o CTR para mensurar o sucesso de um anúncio.

Publicidade em aplicativo

Além das opções de publicidade em sites *mobile*, também precisamos considerar anúncios em aplicativos. Isso pode ser feito sob a perspectiva do anunciante, de promover campanhas publicitárias em aplicativos adequados, que sejam usados pela sua audiência-alvo, mas também sob a perspectiva do dono da mídia, de ganhar dinheiro aceitando anúncios no aplicativo dele.

Tanto no iOS quanto no Android, é possível integrar anúncios oriundos de uma ampla variedade de *ad networks*, ou redes de anunciantes. Todas essas soluções geralmente funcionam com a inserção automática de anúncios nos aplicativos, em áreas específicas, e, então, o dono do aplicativo fica com uma porcentagem da receita gerada pelos anúncios.

Se você quiser anunciar em aplicativos, é possível recorrer a diferentes *ad networks* ou procurar o dono de aplicativo diretamente para propor um negócio.

Ad networks versus donos de canais mídia

Uma *ad network* gerencia espaços de publicidade em diversos locais, que podem incluir sites e aplicativos. Elas oferecem várias opções de segmentação e, então, colocam os seus anúncios nos sites ou aplicativos que gerenciam, de acordo com os seus critérios de segmentação. Diferentes *ad networks* têm diferentes critérios de segmentação, que podem variar desde opções básicas, como inclusão em categorias de produtos ou serviços, até padrões comportamentais.

Em geral, as *ad networks* cobram uma taxa do anunciante e dividem parte dessa remuneração com o dono do espaço em que os anúncios são exibidos. Elas fornecem a tecnologia para a inclusão dos anúncios, o gerenciamento da conta para o anunciante e alguns tipos de relatório para todas as partes envolvidas.

As *ad networks* são responsáveis por criar os tamanhos e tipos de anúncios. Por isso, é possível produzir um único anúncio, que será exibido em várias plataformas (sites *mobile* e aplicativos), sem a necessidade de redesenhá-lo sucessivas vezes.

INTERNET ADVERTISING BUREAU

O Internet Advertising Bureau (IAB) é uma associação comercial voltada para a publicidade on-line e *mobile*. O IAB promove o crescimento e a adoção das melhores práticas para os anunciantes, agências de publicidade e donos de canais de mídia. Para isso, eles possuem, por todo o mundo, sites regionais compartilhando melhores práticas e definindo os tamanhos padronizados de anúncios, incluindo várias modalidades de anúncios *mobile*, envolvendo aspectos como área máxima em relação à área da tela, tamanho de arquivos, entre outras diretrizes.

O endereço do site global do IAB é: **http://www.iab.net**, além dos sites regionais, que você pode encontrar nesse site principal.

Em vez de procurar uma *ad network*, você pode procurar diretamente o dono do canal de mídia. Ele é o proprietário de um site ou aplicativo (ou até de uma lista de e-mails) em que você talvez queira anunciar. Acessar diretamente o dono do canal de mídia tem a vantagem de saber exatamente onde e como os seus anúncios serão exibidos, o que normalmente não ocorre quando você usa uma *ad network*, porque parte da colocação é por *blind placement*, ou colocação às cegas. Isso significa que, como anunciante, você escolhe os critérios de segmentação, mas não exatamente em quais sites os seus anúncios serão exibidos. A desvantagem de ir diretamente ao dono do canal de mídia é a necessidade de segmentar o anúncio para cada site ou aplicativo por vez, já que eles não têm as tecnologias de segmentação disponíveis nas *ad networks*. Os donos de canais de mídia também podem ser limitados quanto às opções criativas de recursos e relatórios oferecidos.

Opções de segmentação

Diferentes *ad networks* oferecem diferentes tipos de segmentação de anúncios. Uma rede de anúncios normalmente não oferece todas as opções. Cada rede tem acesso a diferentes sites para a inserção de anúncios. Portanto, talvez seja necessário trabalhar com várias *ad networks* para alcançar os objetivos da sua campanha. Resumi a seguir os tipos mais comuns de segmentação:

- **Localização** — Faça os seus anúncios usando critérios de localização, como o país, a cidade e a distância de um determinado lugar. Essa opção também pode ser empregada para excluir ou incluir uma área.
- **Demografia** — Utilize critérios demográficos como idade e gênero, por exemplo. Essa escolha pode ser baseada em características informadas pelos próprios usuários ou por algum tipo de modelagem de dados. Nesse caso, é importante

compreender como esses dados são modelados e até que ponto são precisos.

- **Categoria** – É uma das formas mais simples de segmentação. É baseada na categoria do conteúdo do site ou aplicativo. Por exemplo: automobilístico, finanças, entre outros.
- **Compatibilização do conteúdo** – O anúncio é colocado conforme o conteúdo da página, na medida em que forem compatíveis. É assim que os anúncios do Google são colocados no Display Network. Esse critério pode ser eficaz, mas o simples fato de eu estar lendo uma história sobre piratas não significa que eu queira comprar um barco!
- **Comportamental** – Existem muitas abordagens diferentes para a segmentação comportamental. Geralmente, elas dependem da capacidade de análise do comportamento do usuário em um ou em vários sites, para, a partir daí, se fazer a segmentação adequada dos anúncios. Posso estar navegando em um site sobre automóveis e, se eu tiver visitado previamente pelo menos uns três sites de cartão de crédito, é perfeitamente válido me mostrem um anúncio de cartão de crédito nesse site sobre automóveis.
- ***Retargeting*** – Consiste em mostrar anúncios aos usuários que visitaram o seu site anteriormente. Por exemplo, se eu visitei o seu site, mas não comprei nada, pode ser que eu veja anúncios direcionando para o seu site em outros sites.

Opções criativas

É aqui que as coisas começam a ficar muito interessantes. A quantidade de diferentes opções criativas para se exibir anúncios está crescendo. Algumas das opções mais comuns estão listadas a seguir, junto de um indicador de onde encontrar alguns ótimos recursos para estimular insights criativos (um livro em preto e branco realmente não faz justiça à publicidade interativa on-line!):

- **Banners –** Imagens podem ser exibidas com ou sem animação, e os usuários podem clicar no banner e serem levados para vários destinos.
- **Expansível –** Um clique expande o anúncio para cobrir toda a tela, sem retirar o usuário da experiência do aplicativo ou do navegador *mobile*.
- **Intersticial –** Exibe anúncios em tela cheia usando *rich media*, em aplicativo, em navegador *mobile* ou em páginas intermediárias.
- **Vídeo –** Existem muitas opções para colocar o anúncio antes, durante ou depois de um conteúdo em vídeo, ou no meio de outro formato de *rich media*.
- ***Mobile* –** O Rising Stars Ad Units, do IAB, destaca alguns dos novos formatos de anúncios *mobile*, muito interativos, e inclui vídeos para mostrar como eles funcionam. Esses formatos de anúncios oferecem grandes ideias criativas, mas nem sempre estão disponíveis.

Relatórios de anúncios e análise de dados (*analytics*)

A maioria das *ad networks* fornece ferramentas de relatórios, mas o ideal é integrarmos nossos dados de publicidade com a nossa análise de dados *mobile* e de aplicativos, para termos uma visão integrada dos nossos esforços de marketing *mobile*.

Um primeiro passo para isso é assegurar que todos os nossos anúncios *mobile* sejam rotulados, ou tagueados (*tagged*), com um código de rastreamento. Dessa forma, é possível identificar qualquer tráfego proveniente dos nossos anúncios *mobile* para os nossos sites e aplicativos e, a partir daí, rastreá-lo até a conversão. O Capítulo 14 contém instruções sobre como fazer isso no Google Analytics.

Indo além, o Google agora permite que você importe dados de outras *ad networks* e plataformas para o Google Analytics, de modo a comparar os dados em um só lugar.

GOOGLE ANALYTICS E VISÃO ÚNICA DO CLIENTE

O Google sabe da importância de ter todas as suas fontes de dados de marketing digital em um só lugar, de forma a gerir e analisar com eficácia os dados para tomar decisões mais inteligentes. O Google Analytics Data Import permite importar dados externos diretamente para o Google Analytics e o Google Data Studio permite visualizá-los em um só lugar, de forma interativa: **https://www.google.com/analytics/data-studio/**.

OPINIÃO

CIARAN ROGERS, *Co-host* do The Digital Marketing Podcast

As suas campanhas de marca estão atreladas a dados inúteis e mentiras?

Pouco tempo atrás, ouvi uma história que me impactou quando penso em gestão de campanhas de marca on-line. É a história de dois amigos que saem de um bar, meio bêbados, e um deles, Bill, tropeça e fica para trás. O outro, Steve, de início, segue a multidão, sem se dar conta da falta do amigo, até perceber que o seu companheiro de bebedeira não está com ele, e vai procurá-lo para ver o que aconteceu. Encontra-o, então, de quatro, no chão, sob um poste de iluminação pública, no outro lado da rua, em frente ao bar.

– O que você está fazendo? – Perguntou Steve.

– Estou procurando minhas lentes de contato, elas caíram quando tropecei no degrau saindo do bar – responde Bill, arrastando as mãos sobre o chão da rua.

– Mas a escada do bar é do outro lado da rua – disse Steve, rindo.

– Eu sei disso, Steve, mas a luz é muito melhor aqui, debaixo da lâmpada. Não acharei nada lá, naquela escuridão!

Pode parecer uma história meio boba, até você perceber que as soluções em análise de dados para mensuração da marca, que influenciam decisões tão importantes referentes à alocação de gastos em campanhas publicitárias, podem ser igualmente absurdas. Acabamos olhando para onde a análise dados aponta e, frequentemente, ela lança luz em canais de fácil mensuração, que levam ao último clique. Não culpo as ferramentas, elas podem fazer muito mais, se soubermos geri-las, mas o padrão do último clique é onde todos nos sentimos confortáveis e seguros. Mas, e se as respostas estiverem do outro lado da rua?

Aposto que a publicidade da marca no Adwords será uma das campanhas mais bem-sucedidas, em termos de custo e retorno sobre o investimento, o ROI. Mas o que está alimentando essa atividade? Realmente acreditamos que os consumidores tropeçam e, sem querer, digitam o nome de nossas marcas nas ferramentas de pesquisa e logo se deparam com uma luz tão intensa quanto o seu site ou aplicativo? Ou nós somos um pouco mais realistas e logo constatamos que o brilho da sua campanha de *pay-per-click* (PPC) está sendo abastecida por múltiplos pontos de contatos, mais difíceis de medir, on-line e off-line?

Onde estão os pontos ideais a serem alavancados? Nas suas telas on-line? Nos seus anúncios de rádio? Nos espaços caríssimos de TV que você comprou no trimestre passado, ou nas atividades *in-store*, nas campanhas de e-mail marketing, no boca a boca, nos influenciadores, no incrível fluxo de marketing de conteúdo que você gera com tanto afinco, nas campanhas nas mídias sociais, no compartilhamento feito pelos fãs, nos *leads* de feiras comerciais, nas campanhas de mala direta, na combinação de palavras-chave que fizeram você alcançar o primeiro lugar no *ranking* orgânico de nichos populares, no conteúdo em vídeo para o YouTube que você desenvolveu no começo da estação?

Enfrente os fatos e caia na real! Você precisa de dados para orientá-lo. Não confie nas opiniões de dentro de sua empresa – de acordo com a minha experiência, elas são muito influenciadas pelos interesses individuais dos times internos e das agências de publicidade externas. Às vezes, só vemos o que queremos ver!

Qualquer uma das suas campanhas pode funcionar muito bem e impulsionar o sucesso do seu canal de último clique. É incrivelmente fácil de mensurar, mas a análise de dados não lhe mostrará isso, porque as verdadeiras jornadas dos clientes não fluem todas de um único clique em massa. Nunca foi e jamais será assim.

Para piorar a situação, os dispositivos *mobile*, que hoje representam mais de 50% do tráfego para muitas organizações, estão mudando a forma como a análise de dados registra o tráfego direto para os sites. Desde 2016, os navegadores *mobile* estão marcando, efetivamente, quaisquer webpages que os donos desses dispositivos *mobile* visitaram, ou seja, basta digitar o nome da marca na barra de endereços do seu navegador *mobile* e o smartphone, muito prestativo, o levará até a página da marca, deixando para o profissional de marketing digital, sempre ávido por dados, um registro útil na análise de dados, informando que você simplesmente deu as caras por lá, sem qualquer campanha ou veículo o influenciando ou o direcionando para esse destino. Nem um pouco útil quando você quer alocar o orçamento de marketing para os canais on-line que estão gerando resultados.

Agravando ainda mais a situação, a maioria dos consumidores usa o seu conteúdo on-line por meio de múltiplos dispositivos, e, também, via múltiplos navegadores. Essa tendência dificulta o trabalho de rastreamento dos *cookies* das ferramentas de análise de dados. Cada *cookie* normalmente mede as visitas oriundas de um determinado dispositivo, e, para piorar as coisas, fica numa pasta específica para o navegador. Consequentemente, os comportamentos de navegação em diversos dispositivos confundem a análise de dados da jornada do cliente e das medições para atribuição de valor. Os problemas, porém, não acabam aqui. Se você acha que a mensuração on-line é difícil, como começar a atribuir sucesso ao percurso multimodal on-line/off-line, com as sucessivas trocas dos consumidores, em suas jornadas reais? Sabemos que o processo é contínuo, todos o fazemos, mas os gestores de marca tendem a ignorá-lo por conveniência, já que é muito difícil lidar com os problemas de ego.

Em consequência, o PPC, o e-mail e as atividades relacionadas são os componentes de resposta direta da marca on-line mais viciantes no mundo atual. São ótimos em mensurar atividades on-line próximas da conversão, que podem ser captadas com alguns códigos simples de rastreamento de URL, mas que não são tão eficazes quando não é possível adicionar valores de URL de rastreamento aos parâmetros UTM do Google Analytics (código de rastreamento que agregamos às nossas campanhas para facilitar o rastreamento no Google Analytics). Simplesmente os configure e comece a contar aqueles altos valores atribuídos a conversões que entram nos relatórios. Não há quem não goste de números grandes, certo?

Soluções

Nessas condições, o que deve fazer a marca que foi fisgada pelo *buzz* das atribuições de valor ao último clique? O primeiro passo para a recuperação é sempre reconhecer que você tem um problema! Como em muitos tipos de vício, a negação é um dos obstáculos mais difíceis de superar, mas, depois de admitir o problema, a busca por soluções pode levá-lo para diferentes rumos.

Faça um longo e cuidadoso estudo de todas as suas campanhas de topo de funil, que contribuem para melhorar o nome e a consciência da marca. Examine os custos dessas campanhas e analise em profundidade como mensurar e atribuir esses custos aos resultados. Se o seu orçamento permitir, invista algum tempo pesquisando e investigando uma boa plataforma de gestão de dados, que lhe forneça melhores alternativas para a segmentação e a personalização mais inteligentes das suas campanhas, além de atribuições de valor mais eficazes. Se o seu orçamento não for suficiente, considere usar *cookies* de terceiros para as suas campanhas de *display*. A maioria das soluções para a campanha de *display* exigirá a configuração de códigos de rastreamento, o que pode oferecer-lhe insights valiosos sobre os resultados da atividade mais ampla da marca on-line. Lembre-se, as pessoas tendem a não clicar em campanhas de *display*, aquelas expostas como lembretes da marca, porém, sem dúvida têm maior probabilidade de levá-lo em conta e de comprar de você, segundo a maioria dos testes que realizei. Mas não confie na minha palavra. Configure o rastreamento e o submeta a testes em segmentos do seu CRM, e veja a diferença entre os que foram expostos às campanhas e os que foram excluídos das campanhas. Para marcas de bens de consumo, a publicidade no Facebook e as soluções de rastreamento são ótimos pontos de partida para esses tipos de segmentação e de atribuição de valor inteligentes, mas não fique no ponto de partida. Execute alguns testes e, se os resultados forem bons, amplie o alcance da campanha para outras plataformas e soluções.

Só quando se sentir corajoso e entrar no jogo destinando recursos a esses canais de último clique é que você começará a perceber que, na verdade, as suas brilhantes campanhas não são as turbinas propulsoras de receita que você imaginou. Não acredita? Experimente! Comece a desligar algumas dessas atividades pagas, de fácil acesso, e veja se você ainda mantém os negócios. Seja seletivo e faça as coisas passo a passo. Quantos clientes novos cada um desses canais está trazendo para casa? Se você obtiver resultados positivos, terá a confiança necessária para realizar novos experimentos e melhorias.

E quanto à campanha de PPC de marca da qual sua agência de PPC tanto gosta? Quanto do tráfego de dispositivos *mobile* para essa campanha foi de usuários *mobile* clicando no primeiro link que apareceu sob seus polegares ansiosos? Polegares que teriam pousado, felizes da vida, no número um da lista orgânica que você provavelmente obteria com aqueles termos de marca, se as suas campanhas de PPC parassem de atirar e lhes tivessem dado alguma chance? Sentindo-se um pouco mais animado? Aquela sua campanha para afiliados realmente produziu os resultados prometidos, ou você os teria alcançado de qualquer forma, pois grande parte deles foi de clientes que acabaram de descobrir os links para afiliados como um meio para se obter desconto em coisas que teriam comprado do mesmo jeito? Tente desligá-lo por uma ou duas semanas, e veja se a queda na receita é tão grande quanto esperavam. Enquanto isso, verifique o quanto você economizou. Tudo isso é um combustível valioso que poderia ser transferido para atividades em canais mais eficazes, impulsionando o progresso e o sucesso da marca.

Use o último clique para mensurar no que ele seria realmente bom. Para uma atividade de topo de funil, dê uma olhada no primeiro clique ou se familiarize com modelos mais sofisticados de atribuição de valor, baseados em análise de dados, como redução do tempo ou, melhor ainda, modelos customizados de atribuição de valor. A versão gratuita do Google Analytics permite que você compare modelos diferentes para entender melhor como todos os canais atuam em conjunto. Por isso, dê uma olhada. Você também poderá usar dados de *cookies* de terceiros, vindos de sua solução de publicidade em *display* e incluí-los separadamente, ao reportar os resultados. Converse com os seus parceiros de campanha de *display*, para descobrir como eles podem ajudá-lo na sua atribuição de valor a cada canal de marketing que participou da campanha.

Os varejistas on-line realmente devem focar em oferecer recibos por e-mail. Com esse serviço é possível melhorar a integração das suas atividades on-line e off-line, o que pode ser muito útil. O que fazer para alcançar esse resultado? Na maioria dos casos, basta que seus times de varejo façam o pedido. É um benefício para o consumidor ter um recibo mais difícil de perder. Tente pedir a eles!

Com algumas perguntas esclarecedoras e algumas iniciativas corajosas, movidas a dados, são muitos os ganhos e as melhorias alcançáveis. A cada passo você se sentirá cada vez mais ousado, eficaz e no controle das atividades da sua marca.

Conclusões sobre publicidade on-line

O mercado da publicidade em *display* encontra-se altamente fragmentado atualmente, com uma ampla variedade de segmentação de anúncios, recursos e opções criativas. Exatamente como em qualquer outra forma de publicidade, os resultados das campanhas são altamente variáveis, conforme as opções usadas e a eficácia geral da abordagem. Por isso, qualquer esforço de publicidade on-line deve ser analisado com cuidado e ser vinculado aos objetivos de negócio, com a adoção de uma metodologia clara desde o início, para rastrear e mensurar os resultados.

As várias opções disponíveis, geralmente interativas, são muito impressionantes. Entretanto, se retornarmos às nossas preocupações iniciais sobre os objetivos do usuário, precisamos formular algumas perguntas muito incisivas e instigantes, antes de fazer suposições sobre a eficácia de qualquer campanha de publicidade on-line.

É muito fácil comprar publicidade on-line com base no "impacto na marca". Não se esqueça de que esse é apenas um dos pontos de contato e, como ponto de contato mais compreensível sob o prisma tradicional da publicidade e do *branding*, é geralmente objeto de confiança excessiva. Mapeie a jornada do usuário, descubra onde a publicidade se encaixa melhor e, então, avalie o sucesso.

Referências e leituras complementares

IAB. *Display Rising Stars Ad Units*. 2015. Disponível em: <https://www.iab.com/guidelines/display-rising-starsad-units/>. Acesso em: 19 abr. 2017.

CAPÍTULO 9

E-MAIL MARKETING

A maioria dos e-mails, agora, é aberta em dispositivos *mobile* (LEWKOWICZ, 2016). A realidade, no entanto, é um pouco mais complicada. Muitas pessoas usam dispositivos *mobile* para fazer a "triagem" dos e-mails, ou seja, os dispositivos *mobile* são mais práticos para monitorar os e-mails recebidos e para responder a alguma mensagem urgente. Os e-mails rotineiros e os e-mails mais complexos geralmente são respondidos em desktops ou laptops. Essa é uma tendência resultante, em muitos casos, das limitações dos dispositivos *mobile*, que, na maioria, ainda não foram totalmente superadas. Sendo assim, precisamos nos empenhar em otimizar ao máximo nossos e-mails para a jornada multitela.

Focando o usuário

Neste capítulo, veremos cada elemento do e-mail marketing, mas precisamos manter a audiência-alvo no centro dessa jornada. Lembre-se sempre de que a sua capacidade de segmentar, personalizar e maximizar o impacto dos seus e-mails será muito afetada pelo seu provedor de serviços de e-mail, ou ESP, acrônimo de Email Service Provider. Por exemplo, na Fig. 9.1, você pode observar as opções do MailChimp, um popular ESP para a pré-visualização de seus e-mails em vários dispositivos *mobile*, de modo a garantir que o usuário tenha uma ótima experiência.

FIGURA 9.1: Usando o MailChimp para pré-visualizar a exibição do e-mail em vários dispositivos

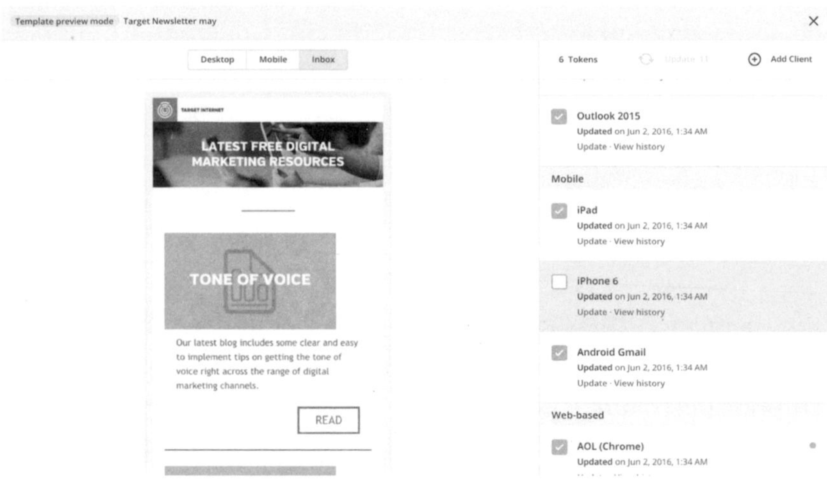

E-mail não é algo empolgante

Não concordo nem um pouco com essa afirmação, e logo explicarei o motivo, mas vamos começar com um exemplo. Se eu dirijo um *webinar* ou uma palestra, e incluo a frase "as tendências mais recentes em mídias sociais", não tenho dúvida de que despertarei interesse no ambiente virtual e em qualquer outro. Porém, se falarmos sobre algum elemento do e-mail marketing, certamente não obterei o mesmo nível de resposta. Quase todos estamos interessados no que é novo e no que está mudando, e muitos dos princípios centrais do e-mail marketing são os mesmos há algum tempo. O problema é que nem todos estão seguindo esses princípios, e preferimos tentar alguma coisa nova em vez de melhorar o que já fazemos.

Facilidade de interação

A grande vantagem do e-mail, na minha opinião, é a capacidade de se testar, aprender e mudar com rapidez e facilidade. Experimentar diferentes versões de páginas em seu site ou criar diferentes aplicativos pode ser caro, demorado e, frequentemente, cheio de problemas técnicos. Experimentar diferentes linhas de assunto, *calls to action* e conteúdo textual é extremamente fácil, supondo que você esteja usando o provedor de serviços de e-mail (ESP) adequado.

O ESP irá ajudar você a arquivar listas de e-mails, a criar e enviar campanhas de e-mails e a rastrear os resultados. O grau de adequação do seu ESP às suas necessidades exercerá impacto direto sobre a eficácia das suas campanhas de e-mail. Há dezenas de ESPs diferentes por aí, desde os sistemas mais básicos até os altamente sofisticados, que podem ser usados como CRMs. Exploraremos com mais detalhes o que precisaremos em um sistema de e-mail, mas primeiro devemos considerar a situação do mercado de e-mails e derrubar alguns mitos.

A QUEDA DO SPAM E A ASCENSÃO DO BACN

Você provavelmente já conhece o significado de spam, definido como comunicações por e-mail não solicitadas. Como já dissemos, o spam está realmente em queda e várias soluções de segurança e tecnologia estão ajudando a reforçar essa luta. O que está em ascensão atualmente é o BACN (pronuncia-se como bacon). BACN é uma variedade de e-mails em que nos inscrevemos, mas que não consideramos relevantes e nunca lemos. Com o passar do tempo, assinamos cada vez mais *newsletters*, recebemos serviços e atualizações das mídias sociais que nunca usamos, e, geralmente, somos cada vez mais alvos de e-mails que, embora realmente não sejam spams, pois os solicitamos, não são relevantes e nem úteis para nós.

Cada vez mais os clientes de *webmails*, como o Gmail, estão tentando separar esses tipos de e-mails menos interessantes de outros que consideram relevantes, exibindo-os em diferentes abas. Diversos sistemas têm formas diferentes de julgar a relevância de um e-mail, mas com muita frequência eles se baseiam em nosso próprio comportamento. Se você clica e abre os e-mails de determinada fonte, esses sistemas vão aprender o seu comportamento e irão entender que esses e-mails são interessantes, e tenderão a colocá-los na sua caixa de entrada principal. Portanto, demonstrar engajamento e clicar nos e-mails é ainda mais importante na medida em que você sugere um critério e isso afetará o modo como os seus futuros e-mails serão vistos.

Outros serviços, como Unroll.me e Sanebox.com, ajudam a filtrar nossos e-mails, a cancelar a subscrição de *newsletters* indesejáveis e a condensar conteúdos de baixa prioridade. Tudo isso significa que se os nossos e-mails não forem considerados valiosos, nossas audiências-alvo simplesmente não irão vê-los.

Focando a relevância

Esse movimento de separar e-mails essenciais de e-mails promocionais implica que, se usamos o e-mail como canal de transmissão para a ampla difusão de mensagens de vendas, tenderemos a receber cada vez menos respostas. A natureza do usuário *mobile*, que tenta "peneirar" os e-mails que recebe, tem como consequência o fato de que temos pouquíssimos segundos para demonstrar o valor do nosso conteúdo. Precisamos nos empenhar em aplicar técnicas e tecnologias, de modo a produzir e-mails para a nossa audiência-alvo tão adequados, relevantes e úteis quanto possível.

Isso não quer dizer que você não possa me enviar e-mails promocionais referentes a produtos e serviços, ou promoções. Se eu pedir para você me enviar ofertas especiais, isso é o que você deve fazer. Porém, as ofertas devem ser realmente adequadas a mim, enviadas na hora e com a frequência correta. E se eu tiver assinado uma *newsletter*, não se limite a me enviar mensagens de vendas. A abordagem geral que aplico ao e-mail marketing, quando não estou trabalhando com e-commerce e a venda online imediata (não é o resultado almejado), consiste em considerar os princípios do marketing de conteúdo. Convém observar a proporção adequada de conteúdo comercial e não comercial nos seus e-mails. Com isso, estou enfatizando a necessidade de fornecer valor de verdade com o conteúdo do e-mail. Muitos dos meus clientes seguem a regra 80/20, ou seja, 80% de conteúdo útil, não comercial, e 20% de "coisas" a serem vendidas. Sugiro que você vá ainda mais longe e adote a regra 90/10 ou 100% de conteúdo não comercial. O conteúdo útil é a melhor forma avulsa de tornar o seu e-mail conhecido e lembrado, de aumentar a probabilidade de que os próximos e-mails sejam abertos e de impulsionar o tráfego para o seu site. Depois de atrair visitantes para o site, você terá a oportunidade de promover a confiança e a conscientização e, quem sabe, até de conduzir alguns visitantes para o seu funil de vendas.

O e-mail e a jornada do usuário

Depois de compreendermos o impacto do e-mail marketing sobre a possível jornada do usuário, e a eficácia com que o e-mail marketing pode contribuir como um de nossos pontos de contatos digitais, estamos em condições de começar a considerar o ótimo retorno sobre o investimento, o ROI, que o e-mail marketing tem a oferecer.

A IMPORTÂNCIA DO CÓDIGO DE RASTREAMENTO

Quando analisamos o nosso *web analytics*, a análise de dados do nosso site, para tentar compreender a origem do tráfego e o impacto dele sobre o nosso resultado financeiro, nossas fontes de tráfego representam um dado crucial. No Google Analytics, esses recursos são encontrados nos relatórios de aquisição, que se desdobram em algumas áreas-chave. Pesquisa orgânica, ou *organic search*, é o tráfego de sites como o Google (sem considerar propaganda paga desses sites). Referências, ou *referrals*, são visitas de outros sites. *Social* são visitas de redes sociais. E chegamos, finalmente, às visitas diretas, *direct visits*. Supõe-se que o tráfego direto é aquele que chega ao seu site quando alguém digita o seu endereço web diretamente no navegador ou clica em link direto para o seu site. O tráfego direto é composto por visitas cuja procedência o seu aplicativo de análise de dados ignora completamente.

Esse é um aspecto importante a se compreender em relação ao e-mail, pois a não ser que adicionemos um código de rastreamento para os links em nossos e-mails, as pessoas que clicarem nesses links aparecerão como tráfego direto e não conseguiremos identificar de onde elas vêm. Assim, quando enviarmos nossa campanha por e-mail, constataremos um aumento no tráfego direto, mas não seremos capazes de identificar qual o percentual dele foi gerado pelo nosso e-mail.

O código de rastreamento envolve basicamente o acréscimo de alguma informação a cada um dos nossos links, de modo que, quando um visitante chegar ao nosso site, poderemos usar a nossa análise de dados para identificar a sua procedência. A Fig. 9.2 mostra o Google URL Builder, que possibilita a geração desse código. Também é possível que o seu ESP lhe dê a opção de acrescentar automaticamente o código de rastreamento, recurso que pode economizar muito tempo.

FIGURA 9.2: Usando o Google URL Builder para gerar um código de rastreamento a ser incluído em uma campanha de e-mail

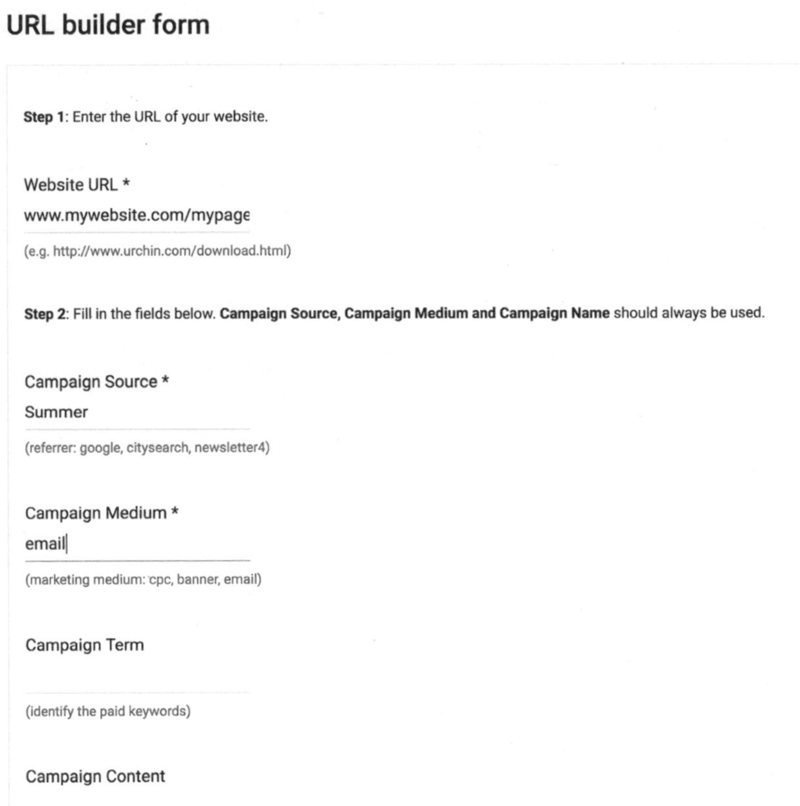

URL builder form

Step 1: Enter the URL of your website.

Website URL *

www.mywebsite.com/mypage

(e.g. http://www.urchin.com/download.html)

Step 2: Fill in the fields below. **Campaign Source, Campaign Medium and Campaign Name** should always be used.

Campaign Source *

Summer

(referrer: google, citysearch, newsletter4)

Campaign Medium *

email

(marketing medium: cpc, banner, email)

Campaign Term

(identify the paid keywords)

Campaign Content

(Google e o logo do Google são marcas registradas da Google Inc., usados com permissão.)

Além do último clique

Para analisar como o e-mail está contribuindo em nosso esforço de marketing geral, precisamos compreender onde ele se encaixa na jornada do usuário e como está impactando o resultado financeiro. Podemos esperar que alguém leia o nosso e-mail e, então, compre diretamente o nosso produto, ou preencha nosso formulário de captura de *leads*. Entretanto, o mais provável é que o e-mail seja um dos muitos pontos de contato que constroem o nosso relacionamento ao logo do tempo. Por essa razão, precisamos considerar cuidadosamente os resultados da análise de dados produzidos por nossas campanhas de e-mail e garantir que estamos indo além do último clique. A esta altura, é necessário considerar cada passo da jornada que leva alguém a executar uma ação em que estamos interessados. Por exemplo, como mostra a Fig. 9.3, existem vários caminhos diferentes para a conversão.

FIGURA 9.3: Considerando cada passo da jornada do usuário e superando a mentalidade do "último clique"

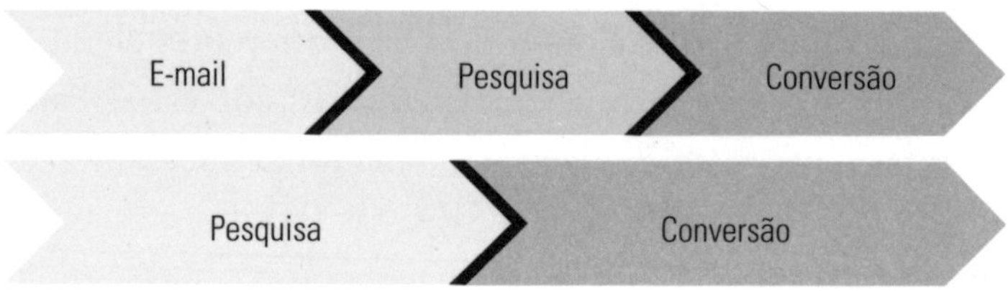

Como vemos na parte superior da Fig. 9.3, posso receber um e-mail, algum tempo depois fazer uma pesquisa resultante de algo que experimentei nesse e-mail e, então, executar algum tipo de conversão on-line. Por outro lado, como vemos na parte inferior da Fig. 9.3, posso ter feito simplesmente uma pesquisa e, logo em seguida, ter avançado para a conversão. Em ambos os casos, se considerarmos a análise de dados sob a perspectiva do "último clique", a fonte da conversão teria sido a pesquisa, uma vez que esse foi o último clique antes da conversão. Por essa lógica, poderíamos questionar até mesmo por que estamos nos incomodando com o e-mail marketing e deixar de fazer essa atividade. Se agirmos assim, não faríamos a pesquisa que se seguiu e nunca chegaríamos à conversão.

Portanto, para realmente extrairmos o máximo da análise de dados ao pensarmos sobre e-mail marketing, precisamos inserir um código de rastreamento no lugar certo e nos empenharmos em olhar além do último clique. Felizmente, o Google Analytics fornece excelentes resultados que nos permitem fazer isso na forma de "funis multicanais". O relatório mostra basicamente quais canais um visitante do nosso site usou nos últimos 90 dias antes da conversão. Ou seja, quais foram os últimos passos dados e os últimos canais usados em qualquer uma das jornadas do usuário que resultaram na execução de um dos objetivos.

Selecionando um provedor de serviços de e-mail

Para realmente conseguir o máximo do e-mail marketing, precisamos focar na relevância. Para isso, teremos que segmentar nossos dados, direcionar o conteúdo, testar diferentes elementos de nossas campanhas e, de fato, fazer o melhor uso do canal. Para isso, e para facilitar o processo, é necessário selecionar a ferramenta certa, o que envolverá algum tipo de ESP. Essas ferramentas, geralmente, atuam em torno de três áreas-chave: construção, segmentação e direcionamento da lista de e-mails, preparando e enviando os e-mails e, finalmente, elaborando um relatório sobre os resultados. Cada uma dessas áreas pode ser ampliada para oferecer todos os tipos de funcionalidade, como programação, disparo automático e integração com as mídias sociais.

O principal é que você não quer ficar preso em um sistema que limita a sua capacidade, mas você também não quer pagar por coisas das quais não precisa. Destacamos alguns ESPs neste capítulo, mas, a toda hora surgem outros novos, e muitos deles são bastante semelhantes. Para ajudá-lo, listamos a seguir algumas das principais considerações a se fazer neste processo de escolha.

ENTRA O MACACO

O MailChimp é um ESP muito popular e barato. Tem uma interface bastante intuitiva, inclui funções avançadas e é um dos mais acessíveis do mercado, em termos de custo-benefício. Também está plenamente equipado para ajudá-lo a otimizar campanhas *mobile*. O critério de cobrança é o tamanho da lista, e não a quantidade de e-mails enviados, o que possibilita grandes reduções de custo se você enviar muitos e-mails.

E quais são as desvantagens? A primeira de todas é que todo o suporte é feito on-line, ou seja, você não tem um gerente de contas a quem recorrer. Além disso, é um sistema *self-service*, e, embora a interface seja muito simples, o problema é sempre seu. Além disso, o pagamento só pode ser feito por cartão de crédito ou débito, ou seja, se não for possível pagar dessa forma, não é para você. Ainda por cima, se for necessário algum tipo de customização ou de integração avançada, talvez essa não seja a escolha certa, embora eles tenham um API que possibilita que os desenvolvedores façam o que quiserem com o sistema.

Amo o MailChimp: uso na minha empresa e adoro o fato de ele propiciar que eu teste e aprenda com rapidez e facilidade. Há muitos outros ESPs por aí, mas o MailChimp é, de um modo geral, um excelente ponto de partida: **http://www.mailchimp.com**.

Recebendo *opt-ins* e construindo uma lista de e-mails

Para fazer qualquer tipo de e-mail marketing, precisamos preparar uma lista de e-mails e as regras sobre como coletar dados são diferentes em cada país. Não se trata tampouco de uma questão de cumprir as normas, mas de seguir as melhores práticas para garantir a qualidade de nossas listas e não assediar a nossa audiência-alvo. Como muitas coisas no marketing digital, ao executar campanhas de e-mail, tendemos a nos distrair pelo volume. Depois de cada campanha, as perguntas que fazemos costumam ser: "Quantos e-mails enviamos?" e "Quantas pessoas estão nas nossas listas?", quando o que realmente deveríamos focar é na qualidade das nossas listas e nos resultados efetivos alcançados pelas nossas campanhas. Propositalmente, e por nossa própria iniciativa, não queremos ninguém em nossa lista que não deseje receber os nossos e-mails. Do contrário, estaremos apenas criando um ponto de contato negativo que danificará a imagem da marca. Estou certo de que você se lembrará de pelo menos uma campanha que insiste em enviar-lhe e-mails com conteúdo irrelevante ou impertinente, os quais, em pouco tempo, geram uma impressão negativa da marca.

A melhor prática em relação ao *opt-in* – inscrição do usuário para receber informações por e-mail – é adotar a abordagem do *double opt-in*, ou seja, pedir que a pessoa preencha um formulário de inscrição e, então, enviar-lhe um e-mail a ser clicado pelo interessado para confirmar o *opt-in*. O processo talvez pareça até um pouco trabalhoso, mas a maioria dos ESPs o automatiza integralmente para você. Além disso, o fato de o usuário ter preenchido um formulário e se prestado a clicar em um link cumpre dois requisitos: primeiro, ele se autoqualificou ao mostrar que está ativamente interessado no que você têm a oferecer, devido a ter feito realmente alguma coisa para se inscrever e, segundo, esse processo de inscrição oferece a você evidências convincentes de que o usuário, de fato, se inscreveu.

Formulários de inscrição

Em vez de coletar uma grande quantidade de dados na inscrição, o que pode representar uma barreira para obter *opt-ins*, recomendo que você reduza ao mínimo a quantidade de informações solicitadas no início desse processo. Você, então, terá a oportunidade de comprovar o valor dos seus e-mails e de pedir mais informações usando questionários e pesquisas de tempos em tempos. É preciso considerar também os tipos de dados a serem coletados – veja se você realmente usará esses dados e se o seu ESP tem condições de armazená-los e de aproveitá-los. Também é bom considerar como vamos movimentar esses dados entre nosso ESP e nosso CRM.

MOBILE E FORMULÁRIOS DE INSCRIÇÃO

Um dos motivos mais recorrentes de aborrecimento dos usuários *mobile* são os formulários de inscrição *pop-over*. Por exemplo, você visita um site e começa a ler uma ótima postagem num blog excelente, depois de alguns segundos, salta um formulário que encobre a página e pede que você se inscreva na lista de e-mails do site. Isso não é problema num laptop: você simplesmente clica no botão de fechar a janela, no canto superior direito do formulário *pop-over*. Infelizmente, muitos dos construtores de *pop-overs* não se lembram dos usuários de *mobile*, e o botão de fechar é inacessível num dispositivo móvel, deixando o usuário encalhado numa página inútil. Se você for usar um formulário *pop-over*, é essencial testá-lo cuidadosamente em dispositivos *mobile*.

As duas coisas que mais preocupam as pessoas quando estão se inscrevendo em listas de e-mails são: o que você vai fazer com os dados delas e com que frequência receberão os e-mails. O ideal é que você, nessa fase, esclareça esses dois pontos, com uma declaração mais ou menos assim: "Jamais passaremos os seus dados para terceiros e nunca lhe enviaremos mais que um e-mail por semana". Você pode incluir um link para a sua política de privacidade, que deve descrever com clareza o que você faz com os dados, mas, conforme minha experiência, poucas pessoas leem isso.

Segmentação da lista

Ao elaborar uma lista de e-mails, é preciso considerar as diferenças entre os usuários de cada e-mail e os tipos de conteúdo que podem ser relevantes para cada grupo. É essencial que o seu ESP propicie a coleta de dados e o acréscimo de campos de informação à lista de e-mails, de forma que sejam úteis para a segmentação dos e-mails no futuro.

Por exemplo, talvez você queira enviar diferentes e-mails para pessoas residentes em diferentes regiões e você, então, precisa coletar e armazenar esses dados. Pode ser que você queira guardar esses dados separadamente, no seu sistema CRM. Mas, neste momento, vamos supor que você está adicionando mais informações à lista do ESP.

Diferentes ESPs têm diferentes abordagens e limitações. No entanto, cada vez mais, os ESPs permitem que você adicione uma grande quantidade de campos (em alguns casos, até não há limites para isso) a serem usados para a segmentação e personalização dos seus e-mails.

OS BENEFÍCIOS E RISCOS DA PERSONALIZAÇÃO

Personalização de e-mails é o processo de inserir, no e-mail, conteúdo pessoal, como nome, função, empresa ou local de trabalho. Também pode ser o processo de segmentação ou a construção dinâmica de conteúdo.

Portanto, se estamos falando de inserir o nome do destinatário no e-mail, para personalizá-lo, qual será o impacto disso? Diferentes estudos mostram diferentes resultados, e esses efeitos devem aparecer no contexto dos seus esforços globais em e-mails. Geralmente, constata-se um pequeno aumento na sua taxa de cliques. Entretanto, se você coletar dados errados e inserir o nome ou cargo errados, o dano será muito maior que qualquer benefício que você venha a conseguir. Por isso, só adote essa forma de personalização se você tiver total confiança na qualidade dos seus dados.

Podemos segmentar nossas listas de várias formas diferentes, mas estamos falando em segmentação das listas com base em dados coletados e em preferências. Isso significa, basicamente, que coletamos algumas informações sobre um indivíduo da nossa lista e, então, as usamos para personalizar os e-mails que serão enviados a ele. A personalização pode ser, especificamente, no conteúdo, no formato ou no horário e frequência de remessa, tudo conforme os dados captados.

Essa abordagem pode ser muito eficaz em tornar os e-mails mais relevantes para os destinatários e em melhorar as taxas de abertura e as taxas de cliques. Na verdade, melhorias em torno de 15% nas taxas de abertura e de até 63% nas taxas de cliques são totalmente factíveis quando se adota esse método (MailChimp, 2017).

Taxas de abertura e taxas de cliques

Duas das estatísticas mais discutidas que extraímos de nossas campanhas de e-mails são as taxas de abertura e as taxas de cliques. Vale compreendê-las com um pouco mais de detalhes para sabermos onde são úteis e quais são as suas limitações.

A **taxa de abertura** tenta indicar quantas pessoas abriram os seus e-mails. Eu disse "tenta" porque, infelizmente, devido à forma como é calculada, a taxa de abertura é inerentemente inexata. Um e-mail é registrado como aberto quando uma imagem nele existente for carregada. Alguém abre o e-mail, a seguir uma das imagens é carregada e isso informa ao ESP que o e-mail foi aberto. Essa imagem contém geralmente apenas um pixel, fica oculta na parte inferior do e-mail, e frequentemente é denominada *web beacon*. Há dois problemas nessa abordagem: o primeiro é que, mesmo que você abra o e-mail por meio segundo e em seguida o exclua, desde que seja feito o download da imagem, o e-mail é considerado como aberto. Embora, do ponto de vista técnico, isso seja verdade, a taxa de abertura nessas condições não retrata a realidade. Outro problema em confiar no carregamento de imagens para indicar se o e-mail foi aberto é que, quando um e-mail é visualizado pelo cliente, mas a imagem não é baixada, você não sabe se o e-mail foi aberto. Supõe-se que 50% dos usuários nem sempre visualizam as imagens, o que pode indicar que os dados referentes a taxas de abertura são muito pouco confiáveis.

No entanto, isso não significa que devamos desconsiderar as taxas de abertura. Na verdade, ainda as estamos usando como *benchmark*, mas não podemos confiar apenas nessas medidas como uma representação absolutamente precisa da abertura de nossos e-mails.

A **taxa de cliques (CTR)** é outra medida importante que tendemos a observar, embora seja muito mais exata, não podemos confiar demais nela. Obviamente, conseguir um clique no seu e-mail e atrair uma visita para o seu site é ótimo. Entretanto, essa conquista é apenas parte da jornada. É muito provável que quem clica no seu e-mail seja levado para o seu site, dê uma olhada nele, não goste do que viu e saia imediatamente. Logo, a sua campanha pode ter angariado 100% de taxa de cliques e ser um completo fracasso!

Portanto, a taxa de cliques é uma medida útil, mas deve ser complementada pela observação do comportamento dos visitantes no site para se compreender o verdadeiro impacto das nossas campanhas de e-mail. Para realmente disparar insights comerciais, precisaremos de relatórios sobre e-mails, de análises de dados e da definição dos objetivos que serão monitorados. Também será necessário compreender como esses objetivos impactam os nossos resultados de negócio.

Essas considerações, no entanto, destacam uma das fragilidades do nosso e-mail marketing: mesmo as melhores campanhas de e-mail do mundo não serão tão eficazes quanto poderiam ser se o seu site não corresponder às expectativas.

Design de e-mails

Poderíamos encher um livro todo com análises sobre as melhores práticas de design de e-mails, o que funciona e o que não funciona. As razões para essa quantidade de conteúdo é que a eficácia do design depende da audiência-alvo, do cliente do e-mail, do dispositivo em que o e-mail está sedo lido e de um monte de outros fatores. Desta forma, precisamos testar nossa lista e constatar que precisaremos de diferentes designs para diferentes listas, e até para os segmentos de cada lista. Os princípios mais importantes que devem ser considerados em todos os e-mails são apresentados a seguir:

- **Tamanho mínimo da fonte** – A Apple recomenda 17-22 pixels e a Google recomenda 18-22 pixels para dispositivos *mobile*. Portanto, adote o mínimo de pixels.
- **Imagens de cabeçalho acima da dobra** – Não coloque imagens grandes de cabeçalho no topo dos e-mails. Elas empurram o conteúdo para mais longe na página e, quando as imagens são desativadas, a audiência não vê nada além de um vazio.
- **Exibição de imagens bloqueadas** – Considere como será o seu e-mail quando as imagens estiverem desativadas. Verifique se você tem um link "clique para ver on-line" (a maioria dos ESPs os adiciona automaticamente). Além disso, certifique-se de que todas as suas imagens tenham texto alternativo, já que isso será exibido no lugar da imagem quando a exibição automática de imagens estiver desativada no e-mail dos clientes.
- **Posição e tamanho do *call to action*** – Considere onde na página o seu *call to action* aparecerá, em vários e-mails de clientes, e tente mantê-lo visível acima da dobra (antes que um usuário precise rolar para baixo para ver o conteúdo). Lembre-se de que o canto inferior direito, onde muitos *calls to action* acabam ficando, pode não ser o local mais apropriado. Você ainda pode precisar de vários *calls to action*. Para os botões *call to action*, a Apple recomenda 44 pixels ao quadrado e a Google recomenda 48 pixels ao quadrado, para os usuários de dispositivos *mobile*. Portanto, escolha o maior valor entre os dois, 48 pixels.

- **Rápida leitura –** Os usuários tentam avaliar a relevância de um e-mail assim que ele é aberto, quando é lido de relance e, então, o usuário decide se vale a pena lê-lo com atenção. Verifique se o seu e-mail facilita a rápida leitura e se destaca a mensagem principal logo de cara. Evite grandes blocos de texto, *layouts* complexos e *calls to action* imprecisos. Não acumule muitos links.
- **Cancelamento da inscrição –** Todo e-mail deve ter um link de cancelamento da inscrição no rodapé, o que geralmente é inserido automaticamente pelo seu ESP.
- **Rodapé –** O rodapé do e-mail também deve incluir o seu endereço postal físico, se você quiser seguir os regulamentos de e-mail dos Estados Unidos (CAN-SPAM).

DESIGN DE E-MAIL RESPONSIVO

Os e-mails com design responsivo tentam adaptar-se ao dispositivo em que estão sendo exibidos e ao tamanho da área de exibição da tela. Isso significa que o e-mail terá aparências diferentes em telas de smartphones, tablets, laptops ou desktops. Entretanto, do mesmo modo que há limitações no design para e-mail e no design para web, também há restrições quanto à eficácia do design responsivo para e-mail.

Essas limitações ocorrem porque a maioria dos princípios do design responsivo depende do suporte de *media queries*, que captam o tamanho da tela e fazem as adaptações necessárias. Infelizmente, os *media queries* não são compatíveis com todos os aplicativos de e-mail. Quando esta página foi escrita, os melhores aplicativos nesse aspecto eram os do Gmail para smartphones iOS e Android, embora essa situação possa mudar em breve.

Dê uma olhada na lista dos aplicativos que suportam e não suportam *media queries*, no site do Litmus: **https://litmus.com/help/e-mail-clients/media-query-support/**.

Padrões de e-mails

Há algumas opções que devem ser consideradas na criação de e-mails quanto aos padrões a serem adotados. Você pode desenhar seus próprios padrões a partir do zero, editar um padrão existente de um ESP ou usar um padrão de outra fonte qualquer. Cada um dos seus e-mails pode ser diferente, mas, em termos de consistência da marca, faz sentido modificar determinado padrão para um estilo específico de e-mail para cada tipo de remessa. Assim, por exemplo, você pode ter um padrão para *newsletter*, um padrão para *e-commerce*, e assim por diante.

A maioria dos ESPs oferece um conjunto de padrões de e-mail que você pode modificar para o seu próprio uso, e muitos também fornecem um editor visual que possibilita a edição desses padrões, sem a necessidade de você ter que saber programar. Alternativamente, você pode precisar editar o código do seu padrão e fazer o upload do HTML – você mesmo pode fazer a edição, se tiver as competências necessárias ou pode também recorrer a um designer ou desenvolvedor. Muitos ESPs oferecem esses serviços por um custo adicional. Também é possível recorrer a sites de *freelancers*, como UpWork.com. Lembre-se sempre de que o design de padrões de e-mail é uma habilidade muito específica e o simples fato de criar um site não significa conhecer também as particularidades do design para uma ampla variedade de clientes de e-mail.

O aspecto mais importante dos seus padrões de e-mail é certificar-se de que serão exibidos da forma adequada, para diferentes clientes de e-mail e em diferentes dispositivos de exibição. Para isso, você terá duas opções, uma fácil e outra difícil! A opção difícil é testar manualmente o seu padrão de e-mail para cada combinação diferente de cliente de e-mail e dispositivo de exibição. Esse projeto logo se torna uma missão impossível, por conta da enorme variedade de combinações. Por isso é que foram criados os *inbox inspectors* (inspetores da caixa de entrada), ou seja, um método para simular a aparência do seu e-mail em cada uma dessas diferentes possibilidades de exibição. Muitos ESPs têm esses recursos integrados, mas, se o seu sistema não tiver, você pode usar um sistema como o Litmus, mostrado na Fig. 9.4.

FIGURA 9.4: O Litmus.com oferece uma pré-visualização de como será o seu e-mail em ampla variedade de clientes e dispositivos

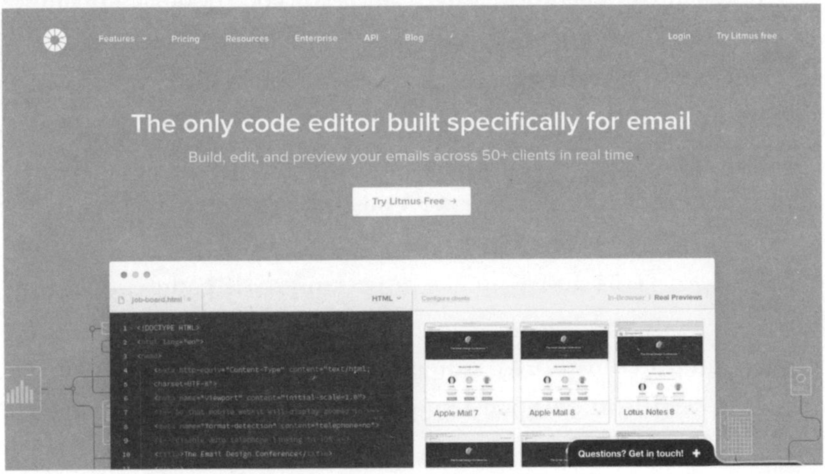

CHECAGEM DE SPAM

Já falamos sobre as melhorias na tecnologia que estão levando ao aumento na detecção de e-mails do tipo spam. Infelizmente, o efeito colateral desse avanço é que o seu e-mail pode ser identificado, equivocadamente, como spam pelos muitos filtros de spam em atuação, e nunca chegar ao destinatário. Para minimizar as chances de que isso aconteça, você pode usar uma ferramenta de teste de filtro de spam. Essa ferramenta tentará avaliar a probabilidade de que o seu e-mail acabe sendo detectado por um filtro de spam e apontará os pontos principais a serem modificados no seu e-mail.

O seu ESP deve ter uma dessas ferramentas embutida nele. Mas, se não tiver, o Litmus.com também oferece esse serviço.

Enviando e testando e-mails

Depois de ter criado o seu ótimo conteúdo de e-mail e de ter preparado a lista de destinatários perfeita, você vai querer enviar os e-mails. Nesse estágio, entretanto, ainda há muitas coisas a se considerar, e várias opções de teste estão disponíveis.

Muitos ESPs possibilitam que você execute o *split testing*, ou teste A/B, com muita facilidade.Você também pode dividir manualmente a sua lista para testá-la. O princípio básico é que você separe a lista em dois segmentos e envie a cada segmento uma variação do seu e-mail, testando determinadas características desses e-mails, que podem ser: o texto do assunto, o conteúdo textual, etc. Depois você compara os resultados e aprende com os testes, verificando qual obteve melhor repercussão e, então, aplica as melhores características ao restante da lista. Por exemplo, você pode pegar dois segmentos da lista, cada um representando 15% da lista total, e rodar um teste, abrangendo 30% dos destinatários. Na sequência, após aprender com essa amostragem, você envia a melhor opção de e-mail aos outros 70% da lista.

Taxa de abertura ou taxa de cliques

Ao executar esses testes, dependendo de qual elemento do nosso e-mail for testado, precisaremos considerar a taxa de abertura ou a taxa de cliques dos nossos resultados, para julgar qual é a versão mais bem-sucedida. Podemos dividir essas duas medidas da seguinte forma:

Taxa de abertura – linha do assunto, hora do envio e endereço.

Taxa de cliques (CTR) – todas as variações dentro do conteúdo do e-mail.

Depois de decidir qual elemento do nosso e-mail vamos testar, também precisamos definir quanto tempo vamos esperar, depois de enviar os dois testes iniciais, até julgar o mais bem-sucedido para, então, enviar ao restante da lista. A Fig. 9.5 mostra como alguns ESPs facilitam esse processo.

FIGURA 9.5: Interface facilitadora para enviar campanhas de teste A/B usando o MailChimp.com

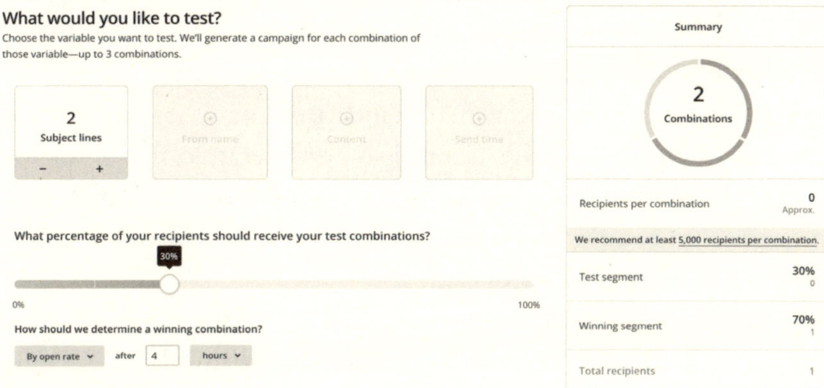

Outro aspecto a considerar é como o tempo de espera decorrido entre o envio dos e-mails de teste e envio dos e-mails para o restante da lista impactará os resultados. Enviando para os segmentos de teste numa terça-feira e depois para o restante da lista numa quarta-feira, você pode distorcer os resultados, porque as pessoas reagem de forma diferente a e-mails recebidos em diferentes dias da semana.

Outra alternativa é esperar exatos sete dias, depois da primeira remessa, e enviar os demais e-mails na mesma hora do dia em que foram enviados os e-mails de teste. Mesmo assim, talvez você constate que as coisas mudaram em uma semana, por conta da influência de mudança nas circunstâncias nesse tempo entre as duas remessas.

De fato, não há uma solução 100% ideal para esse problema. O mais importante é compreender quais dias da semana são melhores para você e como se comparam os diferentes dias da semana. É possível, então, enviar os e-mails de teste e depois o restante dos e-mails em dias da semana em que a audiência reage de formas similares.

Geração de conteúdo dinâmico e regras

Até agora, falamos em produzir uma lista, dividi-la em segmentos e, então, enviar o conteúdo, com pequenas variações, para diferentes segmentos, propiciando várias oportunidades para testes. Muitos ESPs permitem que você leve o seu e-mail marketing um passo à frente, e gere e-mails ainda mais bem-segmentados e personalizados. Esses ESPs fazem isso considerando não só dados sobre preferências, ou seja, dados coletados sobre os indivíduos, mas também reunindo dinamicamente dados comportamentais e gerando e-mails mais apropriados.

Esse processo pode ser tão simples quanto disparar um e-mail depois de um mês que ocorreu o clique no último e-mail. Pode, contudo, ser muito mais complexo considerar o comportamento no seu site e usar as constatações para ajustar o conteúdo enviado pelo e-mail. Se alguém olha para um determinado produto, por que não enviar um e-mail sobre esse produto? Se a pessoa pôs um item no carrinho de compras e não o comprou, por que não enviar um e-mail de acompanhamento? Com base no que clicaram nos últimos cinco e-mails, por que não personalizar o conteúdo dos e-mails subsequentes com base nos interesses demonstrados? Como cada ESP fornece recursos diferentes, vale considerar, desde o início, o tipo de personalização dinâmica que você pretende executar. Alguns ESPs vão ainda mais longe, integram-se totalmente com os sistemas CRM e até oferecem recursos de automação de marketing.

BANCOS DE MENSAGENS E LÓGICA DE NEGÓCIOS

Uma abordagem cada vez mais comum para resolver o problema de enviar e-mails em excesso e sobre vários assuntos diferentes para a mesma pessoa é usar um sistema de banco de mensagem. O conceito básico é que enviamos um único e-mail que contenha várias histórias diferentes ou diversos tipos de conteúdo, mas esses inúmeros componentes são selecionados e ordenados dinamicamente, para determinado indivíduo, com base em um conjunto de regras pré-estabelecidas.

As regras que definimos podem ser simples ou complexas, mas elas, mediante processos dinâmicos, selecionam o conteúdo e o ordenam sob certo critério, conforme um "banco" de mensagens (daí o nome). Isso só é possível em alguns ESPs, mesmo assim envolvendo algumas dificuldades que devemos considerar. Se as regras forem complexas demais, talvez sejam necessários muitos tipos de conteúdo no banco, para atender a todos os requisitos que estabelecermos. Também é possível que algumas partes da nossa lista nunca recebam determinado tipo de conteúdo, porque outras peças sempre são priorizadas. A chave aqui é definir as regras com cuidado, não complicar demais e testar todos os resultados possíveis.

Conclusões sobre e-mail marketing

O e-mail marketing é uma área de grande flexibilidade do marketing digital, que pode ser parte extremamente eficaz do nosso *digital branding*. Também é algo em que podemos errar com muita facilidade. Por isso é que o nível adequado de planejamento e provimento de recursos é essencial para acertar a mão. A seleção do ESP impactará em tudo o que você fizer como parte do seu esforço de e-mail marketing. Portanto, selecione o ESP com o máximo de diligência e, depois, faça questão de usar integralmente os vários recursos de segmentação e de teste disponíveis.

Referências e leituras complementares

LEWKOWICZ, K. April Email Market Share: Mobile Rises To 56%, Its Highest Point Yet. *Litmus*. 2016. Disponível em: <https://

litmus.com/blog/mobile-rises-to-56-market-share-longest-sustained-growth-in-2016>. Acesso em: 19 abr. 2017.

MAILCHIMP. *Effects of List Segmentation on E-mail Marketing Stats*. Disponível em: <http://mailchimp.com/resources/research/effects-of-list-segmentation-on-e-mailmarketing-stats/>. Acesso em: 19 abr. 2017.

CAPÍTULO 10

CRM E AUTOMAÇÃO DE MARKETING

No capítulo anterior, vimos o e-mail marketing e exploramos as grandes oportunidades que ele oferece, em termos de personalização e de impacto positivo no *digital branding*. Esse processo pode ser levado a um outro patamar, integrando o provedor de serviços de e-mail (ESP) com o CRM (Customer Relationship Management), ou sistema de gestão do relacionamento com o cliente. E as oportunidades são ainda maiores quando exploramos as possibilidades oferecidas pelos sistemas de automação de marketing. Começamos este capítulo com a análise dos CRMs e de suas interações com o e-mail marketing e com o *digital branding*. A seguir, passaremos aos aspectos práticos dos sistemas de automação de marketing.

Definições e aspectos práticos

CRM – Gestão do relacionamento com o cliente

O CRM é basicamente onde você armazena os dados sobre o cliente. Além de informações elementares, como detalhes sobre os contatos, a ideia é que você registre a história do seu envolvimento com o cliente: as mensagens de marketing que você lhe enviou, as respostas recebidas, e assim por diante. O CRM não se limita a clientes e pode ser usado também para armazenar informações sobre *leads*, parceiros e fornecedores. Há muitos fornecedores de CRMs e a amplitude do que fazem e oferecem está em constante evolução.

O propósito do CRM em relação ao *digital branding* é personalizar as iniciativas de marketing, para adaptar e adequar cada ponto de contato às necessidades de qualquer interlocutor. Se você conhece o que eu já comprei, minha localização geográfica e minhas outras várias características, você será capaz de tomar decisões de marketing mais inteligentes. Nessas condições, você pode ser mais relevante, o que melhora cada ponto de contato com sua audiência aprimorando seu *digital branding*.

Há diferenças e semelhanças entre os sistemas CRM e os recursos oferecidos pelos ESPs, mas frequentemente há alguns aspectos nebulosos entre os dois.

Automação de marketing

Automação de marketing é o processo não só de disparar comunicações automáticas, mas também de ativá-las de acordo com um sistema de pontuação. Esse sistema de pontuação é o que diferencia marketing automático do ESP avançado, uma vez que muitos ESPs já podem executar várias formas de comunicação ativa como, por exemplo, enviar um e-mail com base no comportamento do usuário em determinado site. O escore de automação possibilita a definição de regras e limites, com base no comportamento e na informação que armazenamos sobre uma pessoa. Assim, por exemplo, eu poderia disparar determinado e-mail para você com base nas páginas do meu site que você visitou, na época em que você as visitou, no fato de você ter participado de um *webinar* no mês passado, com base no tamanho da sua empresa e no título do seu cargo.

A automação de marketing é, geralmente, mais adequada para ajudar no processo de vendas de produtos complexos, em que o ciclo de compra demora semanas, meses ou até anos. Isso significa que geralmente se aplica a produtos e serviços B2B, embora não haja razão para que não possa ser usado em produtos de consumo mais complexos, como automóveis.

Visão única do cliente e agregação de dados

Um dos requisitos para o uso eficaz de ESPs, CRM e sistemas de automação é a integração desses sistemas e das informações contidas neles. A ideia por trás dessa integração é a de "visão única do cliente", que consiste em agregar em um único lugar acessível todas as informações que tenho sobre algo ou alguém, para facilitar, agilizar e melhorar as decisões.

A Fig.10.1 mostra o cenário ideal em que integramos todos os nossos sistemas, de modo a usar as informações contidas neles para tomar decisões mais inteligentes. Assim, por exemplo, posso enviar um e-mail à você com as informações certas, baseado em seus cliques nos e-mails anteriores, no que você fez no meu site e no que você falou nas mídias sociais.

FIGURA 10.1: Visão única do cliente

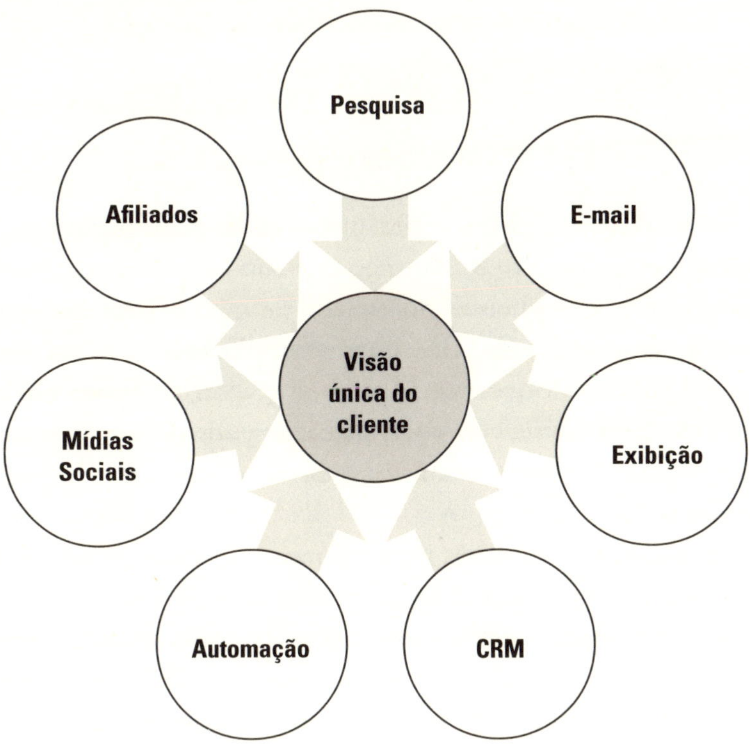

Essencial e muito difícil

O conceito de visão única do cliente parece uma ótima ideia e é, mas, infelizmente, aplicá-la na prática geralmente não é fácil. A razão dessa dificuldade é que estamos falando de um projeto de TI, e se há um tipo de projeto que normalmente extrapola o orçamento e o cronograma, é um projeto de TI. Você talvez esteja questionando por que tentar alcançar a visão única do cliente tem alguma coisa a ver com TI. A resposta é que estamos tentando agregar sistemas e bancos de dados. Caso você seja uma pequena empresa, com poucos sistemas ou esteja começando do zero, não se trata de um grande problema. No entanto, se já existem muitos sistemas, talvez você conclua que eles não são compatíveis e que precisam de customização – e aí começa a dor de cabeça. Minha recomendação geral a esse respeito é que você deve perseverar, pois acredito que essa visão integrada é o que diferenciará sucesso e fracasso nos negócios para muitas organizações no futuro. Vamos ver por que essa é a minha opinião.

Marketing inteligente e agilidade

O ambiente em que operamos está mudando com muita rapidez. Negócios e marketing continuam a evoluir em alta velocidade, e nossos clientes potenciais estão todos imersos nesse contexto. Essa realidade tem enormes implicações em termos da necessidade de as organizações testarem, aprenderem e se adaptarem em tempo real, como um processo contínuo. A integração de nossos sistemas para alcançar a visão única do cliente significa consultar os dados disponíveis e usá-los para tomar decisões mais inteligentes em marketing e negócios. Essa capacidade é extremamente importante do ponto de vista de *digital branding*, visto que uma empresa que reage com lentidão e continua a transmitir mensagens por canais de *broadcast*, em vez de segmentá-las e até personalizá-las por canais *narrowcast* e individuais, mantendo diálogos interativos, comprometerá sua reputação e desgastará a confiança do cliente.

Integração entre o CRM e o ESP

Em muitos casos, é perfeitamente possível enviar e-mails diretamente do seu CRM, sem a necessidade de um ESP. Essa abordagem, no entanto, tem inúmeras desvantagens, e eu geralmente a evitaria, embora, se você estiver usando um CRM on-line, como o Salesforce, muitos dos *plug-ins* que agregam a funções de e-mail marketing equivalem a usar um ESP.

As principais desvantagens de usar o CRM para enviar e-mails envolvem a filtragem de spam e o risco de bloqueio. Ao enviar e-mails pelo CRM, é muito provável que você os envie de um endereço IP (a forma como você se conecta com a internet) do seu escritório (se é onde seu sistema CRM está instalado). O problema daí decorrente é que você não tem acordos de *whitelisting* ou iniciativas semelhantes. Acordo "lista branca", ou *whitelisting agreements*, é algo que, basicamente, diz "não enviamos spam e seguimos as melhores práticas, então, por favor, não bloqueie os nossos e-mails". Esses acordos são adotados pelos provedores de serviços de internet e por outras organizações que estão atentas aos spams. A vantagem de usar um bom ESP é a disponibilidade de todos esses recursos. O risco é, ao começar a enviar e-mails, alguém achar que você está enviando spam e bloquear seu endereço IP. De repente, ninguém no seu escritório consegue mais enviar e-mails, porque todos estão sendo bloqueados, e você não será muito popular!

LISTA NEGRA DE IPS OU *BLACKLISTINGS*

Se você estiver enviando e-mails do endereço IP do seu escritório, e se esse endereço for considerado suspeito pelas organizações que peneiram os spams, você pode ser incluído em uma lista negra. Se você perceber que alguns dos seus e-mails, por alguma razão, não estão sendo entregues e ficar preocupado com a possibilidade de ter sido bloqueado, você pode usar um serviço gratuito para checar o seu endereço IP. Se você estiver na lista negra, procure a organização que efetuou o bloqueio e ela precisará realizar um processo para o seu IP ser desbloqueado. Visite: **http://www.mxtoolbox.com**.

A outra razão para usar ESPs é a superioridade dos recursos de e-mail que oferecem aos clientes. Eles estão configurados para lidar automaticamente com questões como cancelamento de inscrição e rejeição de e-mails, embora essa última questão seja algo a ser analisado ao enviar um e-mail pelo seu CRM, se ele estiver instalado em um computador no seu escritório. Os ESPs também atualizam sempre os seus recursos e, geralmente, oferecem mais relatórios do que os sistemas CRM.

Sincronização de dados

Quando temos um CRM e um ESP, o motivo para integrá-los rapidamente fica claro ao vermos o fluxograma da Fig.10.2. Extraímos alguns dados de e-mail do nosso CRM, preparamos uma lista em nosso ESP e disparamos uma campanha de e-mail. Teremos, então, alguns relatórios e detalhes de quem cancelou a inscrição em nosso ESP. Se não incluirmos essas informações de volta em nosso CRM, estaremos armazenando informações em dois lugares, o que envolve riscos e limitações. Primeiro, podemos enviar um e-mail diretamente pelo CRM para alguém que cancelou a inscrição pelo ESP – e isso é infração às normas sobre spam na maioria dos países. O outro problema é que, nesse caso, não temos dados completos em nenhum dos sistemas; portanto, nossas segmentações no futuro serão limitadas.

FIGURA 10.2: Integração entre o CRM e o ESP: desafios e razões

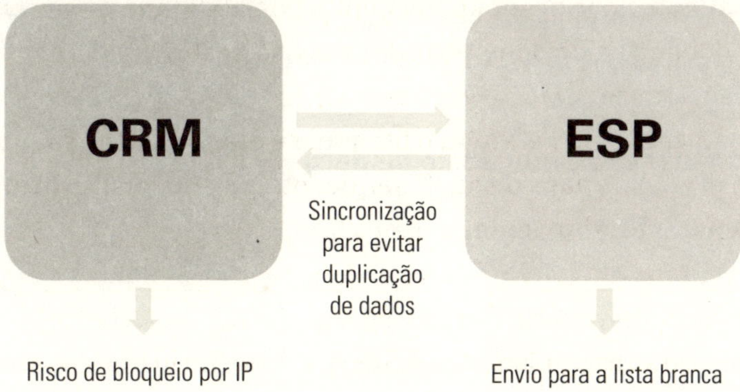

A solução é sincronizar os dados que coletamos em nosso ESP com o nosso CRM e, à medida que coletamos mais dados de e-mail no nosso CRM, podemos exportá-los para o ESP, sem duplicação. A maioria dos ESPs oferece serviço de integração com o CRM ou fornece uma API (Application Programming Interface). Desta forma, um desenvolvedor terceirizado é capaz de fazer os ajustes necessários.

Se o seu CRM e o seu ESP estiverem na nuvem, é mais fácil para os dois sistemas "conversarem" entre si, em tempo real. Caso contrário, talvez você precise fazer alguma sincronização de hora em hora ou diariamente. Por isso, se você usar, por exemplo, o Salesforce como CRM, e o MailChimp como ESP, que são serviços on-line projetados para trabalhar integrados, a sua vida será muito mais fácil.

A alternativa, e solução muito menos ideal, adotada por várias organizações (porque os sistemas delas não são integrados) é importar dados do sistema CRM e usar o ESP para duplicar os dados importados. O ESP identifica, entre os endereços importados, quais são novos, quais estão duplicados e quais tiveram a inscrição cancelada. No entanto, como nesse cenário os dados não são copiados de volta para o CRM, é essencial que nenhum e-mail seja enviado diretamente do CRM, caso algum usuário tenha cancelado a inscrição.

Se os nossos sistemas forem integrados, podemos coletar as informações via ESP, por meio questionários e pesquisas, e usar as informações resultantes em outra parte do nosso esforço de marketing, via CRM e em futuras campanhas de e-mail.

Personalização avançada e disparo

Muitos ESPs realmente oferecem serviços semelhantes aos fornecidos por um CRM, permitindo a agregação de muitos campos de dados aos endereços de e-mails, para segmentá-los e personalizá-los, o que pode acarretar certa dispersão das funções de cada sistema. Os ESPs mais avançados permitirão integrar o seu sistema de e-mail com o seu site, de modo a observar o comportamento de um visitante. Com base em todas essas diferentes informações, eles podem disparar e-mails e, mediante os processos dinâmicos, gerar e-mails conforme regras e critérios pré-estabelecidos.

Automação de marketing

O termo "automação de marketing" é originário da ideia de disparo automático de certos e-mails ou outras formas de comunicação *outbound*, o que representa um estágio mais avançado, ao tentar alinhá-lo mais estreitamente com o processo de vendas, ao qual se agrega a ideia de nutrição e qualificação de *leads*. Novamente, esse tipo de marketing diretamente relacionado com vendas geralmente não se associaria ao *branding*, mas, como já dissemos, o *digital branding* resulta da soma de todos os pontos de contato de alguém com a sua organização ou produto e a automação nos permite moldar esses pontos de contato em um processo coerente e personalizado.

O processo de nutrição de *leads*

Vamos esclarecer exatamente onde a automação de marketing pode se encaixar e onde se situa. A automação de marketing geralmente é usada quando o ciclo de compra de um produto é longo ou complexo. A ideia é sermos capazes de compreender onde alguém está no processo de compra, qual é a sua atual motivação e, portanto, saber quais devem ser os próximos passos. Talvez os próximos passos sejam disparar alguma forma de comunicação *outbound*, como um e-mail, ou concluir que a pessoa agora é um *lead* de vendas qualificado e a passarmos para o time de vendas.

A automação de marketing consiste em nutrir e depois qualificar os *leads* de vendas, por meio de um programa de marketing, para aumentar a quantidade e a qualidade dos *leads* que geramos e, em seguida, aumentar as vendas (ver Fig. 10.3).

FIGURA 10.3: A automação de marketing é usada no estágio de nutrição e qualificação do processo de vendas e marketing

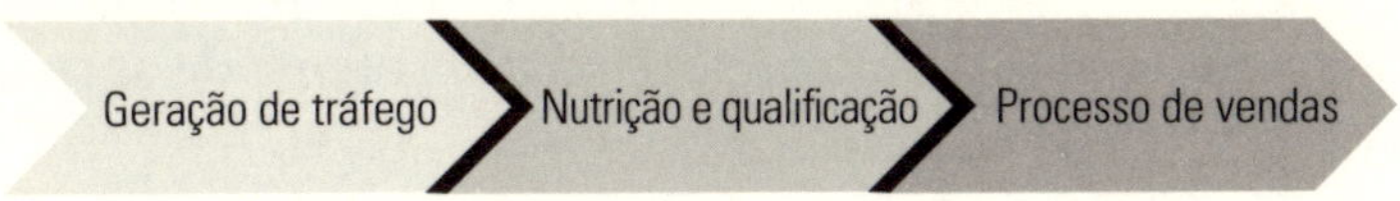

Automação de *lead scoring*

No centro da maioria dos sistemas de automação, encontra-se o conceito de escore ou *score*. O escore é usado para qualificar *leads* de vendas potenciais e decidir quando disparar certas peças de conteúdo. O escore pode ser composto de vários fatores diferentes e cada sistema aborda aspectos ligeiramente diferentes. No entanto, a ideia central é que, quando se atinge o limite de determinado escore, dispara-se algum tipo de ação.

SISTEMAS E RECURSOS DE AUTOMAÇÃO DE MARKETING

Existem muitos provedores de automação de marketing por aí, e o mercado pode ser complicado e confuso à primeira vista. As três empresas abaixo oferecem, todas elas, excelentes sistemas de automação, e, também, fornecem uma enorme variedade de recursos educacionais sobre o tópico em seus sites:

- **Marketo** – http://www.marketo.com/.
- **Eloqua** – http://www.eloqua.com/.
- **HubSpot** – http://www.hubspot.com/.

Escores implícitos

Os escores implícitos se baseiam em comportamento. Enfatizamos alguns dos comportamentos potenciais que podem ser usados para ajudar na automação de marketing, mas lembre-se de que para usar todas essas métricas diferentes, os sistemas que coletam essas informações deverão ser integrados com o sistema de automação.

QUADRO 10.1: Comportamentos que podem ajudar na automação de marketing

Comportamentos no Site	Páginas visitadas, duração da visita, downloads, registro e ferramentas usadas
Eventos	Registro, frequência, sessões assistidas e estandes visitados
Webinars	Registros de frequência, votação e perguntas formuladas
E-mails	Abertos, cliques e conteúdo clicado
Mídias Sociais	Curtidas, seguidores +1s, comentários e compartilhamentos

Escores explícitos

Os escores explícitos se baseiam nas informações que mantemos sobre um indivíduo ou organização.

QUADRO 10.2: Informações dos clientes

Indivíduo	Cargo ou função, experiência, poder aquisitivo, localização, influência social, demografia
Organização	Tamanho, receita, setor de atividade, localização, relacionamentos (cliente, *lead*, parceiro)

Ponderação

Cada um desses escores pode ser ponderado para definir até que ponto são importantes. Por exemplo, o tamanho da empresa pode ser muito pouco importante para mim, ao mesmo tempo que o nome do seu cargo pode ser crucial. A ponderação pode impactar o momento em que se dispara a ação. Por isso, acertar a ponderação é essencial para a eficácia da automação da campanha. Abordaremos a seguir como ajustar e aprimorar a pontuação e a ponderação de forma contínua.

Escores negativos

Também usamos outros fatores para reduzir os escores – incluindo atividades implícitas, como cancelamento da inscrição em uma lista de e-mails, resenhas negativas ou comentários nas mídias sociais.

A essa altura, também precisamos considerar o tempo. Por exemplo, digamos que você visitou o meu site, viu algum conteúdo e baixou alguns materiais, e imaginemos que isso foi suficiente para disparar um e-mail de vendas, mas que, depois, você não prosseguiu nem visitou o meu site durante todo o mês seguinte. Depois de um mês, será que você deveria receber outro e-mail de vendas? A resposta é provavelmente não, e podemos nos proteger desses tipos de situação agregando um escore automático de degradação temporal. O que estamos fazendo é, basicamente, dizer que você pontua certos fatores, mas que esses fatores apenas indicam os seus interesses ou intenções durante certo período, e que, consequentemente, reduzimos nossos escores com o passar do tempo.

Opções de automação mais avançadas

Até agora, consideramos a ponderação de um indivíduo com base em seu comportamento ou nas informações que temos a seu respeito. No entanto, em certas circunstâncias, talvez seja o caso de incluir outras formas avançadas de analisar o comportamento. Por exemplo, eu tenho um produto de alto custo, cuja compra é mais complexa. Se vejo alguém visitar a minha página da web para ver um produto, uma ou duas vezes, isso talvez não seja suficiente para disparar um processo de acompanhamento, ou *follow-up*. Entretanto, se dez pessoas da mesma organização estiveram olhando esse produto, uma de cada vez, eu me interessaria em ir adiante no processo. Logo, ao definir regras no nível individual e no nível organizacional, posso identificar esses tipos de situação.

Diferentes sistemas de automação oferecerão diferentes funções para lidar com circunstâncias como as citadas anteriormente. É, portanto, sempre bom tentar definir os tipos de comportamento que você está tentando identificar antes de escolher um provedor, de modo a garantir que eles oferecem os recursos necessários.

Testando, aprendendo e ajustando

O principal elemento de qualquer projeto de automação de marketing bem-sucedido é definir, pontuar e ponderar as regras certas, de modo a nutrir os *leads* e transferir os de alta qualidade para a área de vendas. Para isso, é necessário considerar alguns fatores.

Uma das chaves de um projeto de automação de marketing bem-sucedido é garantir o envolvimento do pessoal de marketing e vendas em todo o processo de definição, pontuação e ponderação de limites. Você pode gerar todos os *leads* possíveis, mas, se a qualidade não for alta o suficiente, nenhum deles será convertido e o processo terá sido perda de tempo.

Um bom ponto de partida para desenvolver regras eficazes é pegar uma venda já efetuada e fazer uma análise reversa com os dados disponíveis. Nesse caso, será que os compradores cumpriram, de fato, os critérios que você estabeleceu? Se não, você certamente precisa ajustar os parâmetros. Isso é conhecido como teste *pre-deployment*, algo como teste "pré-implantação". Depois de definir as regras e ativar o sistema, você pode colher uma amostra dos *leads* que você qualificou e transferiu para vendas, e ver quantos, de fato, se converteram em vendas. Se os resultados não foram satisfatórios, é preciso reexaminar as regras e ver se precisam de ajustes para melhorar a qualidade dos *leads*. Esse é um teste *post-deployment*, ou teste "pós-implantação".

Uma advertência sobre a automação de marketing

No papel, a automação de marketing parece uma ótima ideia e os princípios-chave são simples. Contudo, alcançar o sucesso, na prática, nem sempre é fácil. Primeiro, a maioria dos sistemas necessários são muito caros e a instalação é algo em que você, provavelmente, precisará de ajuda. Em outras palavras, o processo exige um projeto e investimentos. Se os sistemas que você usa para e-mail, gerenciamento de conteúdo do site e CRM não forem compatíveis diretamente com o sistema de automação, é provável que você, logo de cara, enfrente desafios. Depois de superar esses obstáculos iniciais – e nunca os subestime – é preciso definir as regras. Essa fase pode ser demorada e complexa, talvez envolva muitas pessoas e necessite de refinamento contínuo. Além disso, todo o processo deve ser considerado um plano de longo prazo. Digo isso com base na experiência de nunca ter visto um projeto de automação demorar menos de 18 meses, entre o ponto de partida e a obtenção de resultados satisfatórios, já que muitos problemas e entraves tendem a sobressair quando você tenta implementar o projeto.

Conclusões sobre CRM e automação de marketing

A integração dos sistemas de CRM e de automação de marketing, para alcançar a visão única do cliente, deve ser considerada essencial. Ela lhe dará a flexibilidade e a capacidade de praticar o marketing inteligente, o que é fundamental para alcançar grandes resultados no *digital branding*. A integração permite personalizar a experiência da audiência e você receberá insights muito mais espontâneos sobre ela.

A automação de marketing, por outro lado, é fantástica quando implementada com sucesso, mas só é adequada em determinados cenários, envolvendo produtos e serviços complexos. É um processo complicado, que precisa de planejamento e de recursos compatíveis, para fazê-la funcionar com eficácia.

Ao analisar o *branding*, é incomum explorar pontos como sistemas, dados e infraestrutura, mas quando definimos o *digital branding* como a soma de todos os pontos de contato experimentados por alguém, logo fica claro o motivo desses tópicos serem componentes essenciais e parte integrante do todo. Basta um exemplo do dia a dia para ver como os sistemas são essenciais para a experiência do usuário, o que pensamos da marca e como ela impacta nossa probabilidade de compra. Se eu navego no seu site e olho certos produtos, mas não compro, e, então, você me envia um e-mail apresentando produtos semelhantes aos que visitei, esse processo pode ser uma forma eficaz de segmentação comportamental. No entanto, se eu compro um produto, mas você continua a me oferecer o produto, o impacto pode ser negativo. Tanto o lado positivo quanto o lado negativo desse processo são possíveis, em razão dos sistemas que usamos e da forma como os implementamos.

CAPÍTULO 11

DE INTEGRAÇÃO PARA CAMPANHAS TRANSMÍDIA

Antes de passarmos para a Parte Três (Estratégia e Mensuração), este capítulo examina como combinar os canais e as tecnologias táticas que analisamos para entregar um *digital branding* coerente.

Integração

Tudo começa com a ideia de integração. Identificamos nossa proposta de valor, alinhamos essa proposta de valor com as necessidades da nossa audiência-alvo e focamos no valor durante todo o processo. Cada um dos nossos canais foi selecionado com cuidado e compreendemos o potencial das nossas jornadas por meio de cada um desses canais e como isso pode ser um processo complexo e não-linear. Identificamos nossos requisitos de conteúdo para oferecer uma ótima jornada, e a entregamos sem atritos em qualquer que seja o dispositivo ou plataforma que a audiência esteja usando. E, assim, estamos executando o *digital branding* integrado, certo? Nem tanto. Estamos muito próximos, mas ainda não chegamos lá.

O que está faltando é a cola que une as partes, que, no caso, são os dados. Precisamos testar, refinar os componentes e ajustar o todo. O ambiente em que operamos é fluído e avança em fluxo acelerado. Portanto, nosso *digital branding* também deve ser fluído e deve ajustar-se rapidamente. Por isso, a Parte Três será essencial para você desenvolver um *digital branding* bem-sucedido, que se adaptará e resistirá continuamente ao teste do tempo.

O marketing multicanal está morto

O marketing multicanal é aquele que envolve diversos veículos, o que, tradicionalmente, significa mídia impressa, rádio e televisão, catálogos e sites, todos dizendo a mesma coisa (ou algum outro mix on-line e off-line). Significava, por exemplo, que uma oferta especial em um canal, era apresentada da mesma forma em outro canal.

A realidade é que quem ainda está agindo assim está fazendo tudo errado. Diferentes canais são usados de forma diferente, e não esperamos exatamente os mesmos resultados de cada um deles. Digital significa que temos dezenas de canais com características e recursos próprios, e, certamente, não queremos que todos comuniquem as mesmas coisas, nos mesmos formatos. Porém, isso não significa que não queremos consistência.

CONSISTÊNCIA DA MARCA

A ideia tradicional de reconhecimento da marca ainda é essencial. Você precisa ser capaz de reconhecer a minha marca com facilidade, para que os meus esforços via *digital branding* façam com que você compreenda a minha proposta de valor e sejam lembrados com facilidade. Sem essa compreensão clara do que representa a marca, o reconhecimento da marca não faz sentido. Consistência na identidade visual e no "tom de voz" só tem propósito se a proposta de valor for clara.

Marketing *omnichannel*

O marketing *omnichannel* reconhece o fato de que a minha audiência-alvo quer engajar-se e comunicar-se comigo por meio de diversos canais, do modo que for mais conveniente a eles. Ele reconhece que cada canal desempenha um papel diferente na jornada do usuário, e esse papel pode mudar e adequar-se de acordo com os desejos e necessidades de cada usuário.

Lembre-se, entretanto, de que cada usuário pode começar a jornada a partir de um ponto diferente e pular várias etapas. Pode também repetir certos passos, várias vezes, e deixar diferentes intervalos entre cada um deles. Sei, por exemplo, que, em média, um *lead* gerado no meu site foi gerado por um visitante que já esteve lá umas cinco vezes. Isso significa que repetiram as visitas ao meu site, encontrando, obviamente, algo útil em cada ocasião, até finalmente se questionar sobre os serviços que oferecemos. Sem saber disso, posso ter desconsiderado o tráfego direcionado para o meu site por vários canais, uma vez que, aparentemente, nunca se converteu em negócios. Na realidade, apenas não compreendi o número de passos e a complexidade do processo. Conscientizar-se dessa abordagem *omnichannel* é o centro da verdadeira compreensão de como elementos diferentes do seu esforço de marketing estão contribuindo para o seu *digital branding*.

A abordagem ao *digital branding*, delineada nesta seção, abarca o marketing *omnichannel*, com foco na jornada do usuário e nos resultados finais.

Transmídia *storytelling*

Adoro dizer a expressão "transmídia *storytelling*". Quem a ouve geralmente esboça um sorriso artificial e me lança um olhar de quem retruca: "Não estou comprando esse seu papo furado", como se eu tivesse acabado de pronunciar um jargão de marketing bem idiota. No entanto, a frase expressa uma realidade que oferece oportunidades fantásticas para executar um *digital branding* incrivelmente poderoso.

Na verdade, o transmídia *storytelling* remonta aos primórdios do marketing. De fato, reflete o começo da linguagem e da comunicação da espécie humana. Se eu lhe contar um fato, você provavelmente o esquecerá bem rápido. No entanto, se eu lhe contar uma história que comunique um fato, você muito provavelmente se lembrará dele. A história fortalece o fato, o contextualiza e o torna cativante. É a natureza humana e é como nos comunicamos antes mesmo de sabermos falar. Tudo é uma narrativa.

O transmídia *storytelling* pretende entrelaçar cada um dos canais e plataformas que usamos envolvendo-as numa narrativa. Esse processo pode levar a experiências extremamente memoráveis e engajadoras. Também depende de grandes conceitos criativos e de absoluta atenção aos detalhes, ao explorar como compreender e gerir a jornada do usuário. A seguir, encontra-se um exemplo de uma das minhas campanhas transmídia favoritas: gamificação.

GAMIFICAÇÃO

Gamificação é o princípio de encorajar comportamentos, recompensando o usuário de alguma forma. Pode ser tão simples quanto lançar um escore elevado num placar público dos primeiros colocados. E, lembre-se: não precisa limitar-se a jogos. Pode ser pontuar a resposta a questões mais complexas e várias outras situações. Também pode assumir formas mais elaboradas, como ser o primeiro usuário a descobrir uma peça de conteúdo oculto, ou revelar características implícitas ao executar certas atividades.

O fator crítico que torna a gamificação eficaz é o valor da recompensa para o usuário. Pode ser na forma de conteúdo ou recompensa, e, frequentemente, a recompensa pode ser apenas reconhecimento do ganhador pelo realizador da campanha.

Para ver o meu exemplo favorito de gamificação, dê uma olhada no vídeo de lançamento do livro *Decoded*, de Jay-Z: **https://youtu.be/k5776HPNeHA**.

Conclusões sobre integração para transmídia

A chave para entregar um ótimo *digital branding* é ver como todas as diferentes experiências que estamos oferecendo se encaixam, em pesquisas, mídias sociais, *mobile* ou qualquer outro canal digital.

Entretanto, para que ocorra esse encaixe, é preciso testar nossos pressupostos, ajustar-se às mudanças e assumir um compromisso constante com a melhoria contínua. Para isso, necessitamos de feedback. Esse feedback assume a forma de análises de dados, métricas e prospecção de resultados. Esses são os temas da Parte Três.

PARTE TRÊS

ESTRATÉGIA E MENSURAÇÃO EM *DIGITAL BRANDING*

Introdução

O que mostramos até agora neste livro sugere uma nova forma de pensar sobre *branding*, além de dar exemplos de como iniciar a implementação do *digital branding*. O que não fizemos ainda foi percorrer o que acredito que diferencie o *branding* tradicional do *digital branding*. E, lembre-se: o *digital branding* também interage com canais off-line. Portanto, não se trata somente de usar os novos canais – é, efetivamente, uma abordagem diferente para mensuração.

A mensuração eficaz pode ajudar a discernir entre *branding* como desculpa para algo que realmente não pode ser mensurado e *branding* como compreensão exata do papel desempenhado por cada componente da atividade de marketing no trajeto para a conclusão da jornada do usuário.

O desafio comum para a mensuração do sucesso de qualquer atividade de *branding*, on-line ou off-line, é que a conversão final – seja a venda, seja a conclusão de alguma outra tarefa – pode acontecer por meio de um canal que esteja desconectado das nossas atividades de marketing. Por exemplo, uma venda no site de alguma outra pessoa, um pedido recebido por telefone ou uma reserva feita por meio de um fornecedor terceirizado. Nosso objetivo, nesta seção, é apresentar uma técnica eficaz para fechar essas lacunas entre o nosso objetivo final e os nossos esforços de marketing.

Daí decorre que podemos calcular o retorno sobre o investimento, o ROI, de recursos como as mídias sociais, estimar a contribuição de campanhas impressas e atribuir valor a todos os e-mails que enviamos. Não estou dizendo que é fácil, apenas que é totalmente viável.

Métricas tradicionais de marca

Analisamos na Parte Um como se mensura a marca, fazendo perguntas e tentando julgar o que alguém pensa sobre a marca – e avaliando o que isso significa em termos de potencial de vendas.

Há muitas formas diferentes de abordar esse tópico, mas, faríamos algum tipo de pesquisa numa amostra da nossa audiência e veríamos quais eram suas atitudes antes e depois da exposição a alguma forma de marketing. Essa pesquisa formularia ampla variedade de perguntas, sob diferentes enfoques, mas estamos tentando responder as seguintes dúvidas:

- Você conhece a marca?
- Você gosta da marca?
- Você pretende comprar a marca?
- Se você já comprou a marca, pretende comprá-la de novo?

No fundo, estamos supondo que, quanto mais pessoas responderem positivamente a essas perguntas, maior será a nossa probabilidade de aumentar as vendas.

O que podemos fazer agora é juntar todos os dados vindos da análise de dados e de ferramentas de mensuração, e combiná-los com técnicas de pesquisa tradicionais, para gerar um processo de feedback que nos ajude na melhoria contínua das nossas atividades de marketing.

Soma de todas as experiências

Se o nosso *digital branding* é a soma de todas as experiências de alguém com o nosso produto/serviço/organização, devemos ser capazes de verificar como cada experiência impactou o resultado dessa experiência total. Nesta seção, tentamos executar as seguintes tarefas, para implementarmos e melhorarmos a eficácia do nosso marketing digital:

- Criar um *dashboard* de *digital branding*.
- Importar dados da análise de dados e de outras fontes.
- Compreender as fontes de tráfego e de interações.
- Fechar as lacunas entre atividade on-line, atividade off-line e resultados do negócio.
- Traçar e melhorar o perfil.

Exemplos e padrões

Criamos vários padrões e diretrizes para ajudá-lo a implementar a mensuração do seu *digital branding*. O mais importante para esta seção é o *dashboard* de *digital branding*. Em nosso site, estamos sempre adicionando novos estudos de caso e histórias dos desafios e sucessos da implementação das abordagens delineadas nesta seção. Mais importante, você encontrará um exemplo de *dashboard* de *digital branding* a ser usado como ponto de partida, que pode ser ajustado às suas necessidades. Ele se encontra em: **https://www.targetinternet.com/digitalbranding**.

CAPÍTULO 12

MENSURANDO O *DIGITAL BRANDING*

Os métodos tradicionais para calcular o valor da marca geralmente partem de pressupostos a respeito do impacto do *branding* sobre alguns aspectos das vendas. Muitos desses modelos são altamente complexos e difíceis de executar. O que precisamos é construir um *framework* que nos permita estimar o valor de cada um dos componentes do nosso *branding* e despertar insights que possam ser acionados para melhorar a situação.

Definindo o valor da marca e valorização

Precisamos ser muito claros sobre o que estamos falando, se o que discutimos é valor da marca e valorização. Não estamos tratando do valor atribuído a uma marca para fins contábeis, ou seja, para constar nas demonstrações financeiras – trata-se, na verdade, de compreender a eficácia do marketing e a contribuição das diferentes partes, mais do que da avalição teórica de determinada marca. No entanto, podemos usar essa técnica em combinação com outras mais tradicionais de avaliação da marca, seja para apurar números mais exatos, seja para, no mínimo, comprovar a sua exatidão de forma simples.

Compreendendo o valor de toda atividade de marketing

O que estou sugerindo aqui é que devemos ser capazes de calcular o valor de cada pedaço de nossa atividade de marketing e saber como cada um está contribuindo para o resultado financeiro. Essa talvez não seja uma abordagem totalmente perfeita, mas está muito mais perto da realidade do que estávamos até então (se é que vínhamos fazendo qualquer tipo de cálculo). Os elementos os quais denominávamos *brand building*, ou construção da marca, no sentido tradicional, basicamente significava que realmente não sabíamos o quanto estavam contribuindo para o resultado financeiro, embora estivéssemos convencidos de que sabíamos.

Recomendo, aqui, uma combinação muito prática de técnicas que planejam todos os passos da jornada do usuário e mostram como cada um contribui para nossos objetivos finais. Dessa forma, compreendemos cada passo e nada precisa ser rotulado como "construção da marca". Estamos simplesmente considerando cada um dos estágios da nossa atividade de marketing e calculando o seu impacto sobre a marca.

Para se atingir a perfeição, precisamos de um dispositivo que leia a mente

Uma abordagem perfeita de marketing é impossível, a não ser que fôssemos telepatas, capazes de detectar pensamentos e sentimentos alheios. Pois mesmo usando técnicas de pesquisa e *surveys*, ao perguntarmos por que alguém fez isso ou aquilo, as pessoas geralmente não sabem responder com precisão e nem mesmo têm ideia do motivo de agirem de um jeito ou de outro. Podemos considerar esse aspecto no *branding*, mas, mesmo assim, essa inexatidão não ajuda muito. Quando a questão envolve seres humanos, sempre atuamos, de alguma forma, como telepatas, capazes de ler mentes.

O tiro no pé digital

Um dos maiores problemas do digital tem sido se autoinfligir. Nos dias mirabolantes do início do marketing digital, afirmávamos, orgulhosamente, que tudo poderia ser mensurado, e que o marketing off-line tradicional estava morto – a afirmação foi um pouco arrogante, para dizer o mínimo. Você pode mensurar tudo, se TUDO acontecer on-line. Assim, se você só comercializa on-line e faz a venda on-line, com um cartão de crédito, realmente é possível mensurar a maioria das coisas. O que não está sendo considerado é um cenário do tipo: a única razão de o cliente ter pesquisado e encontrado você no Google foi pelo fato de um amigo ter falado sobre você, no boteco, na noite anterior. Tente mensurar isso. Embora ainda haja esses tipos de problemas com o digital, podemos mensurar agora muito mais do que apenas transações on-line.

A TV tem cultura, o digital não tem... ainda

Se você gasta alguns milhões numa campanha de TV, é provável que esteja disposto a gastar algum dinheiro para descobrir o que ela fez por você. E, de fato, muitas agências de publicidade que trabalham com TV incluem alguns cálculos sobre a eficácia da campanha em seus custos totais. Para ser justo, se você gasta US$ 2 milhões numa campanha, US$ 10 mil não parece muito para avaliar os resultados. No entanto, se você gasta US$ 500 numa campanha digital, você não vai pagar o mesmo valor só para descobrir se o retorno foi bom, porque mesmo que tivesse sido, deixaria de ser, pois você pagou pelo cálculo!

Portanto, precisamos desenvolver uma cultura de começar com o conceito de que toda atividade digital será mensurada – e que podemos fazer isso com relativa facilidade e economia.

Preenchendo as lacunas

O mais importante que estamos tentando fazer nesta parte final do livro é preencher algumas lacunas. Será que o engajamento positivo realmente gera *leads* para a área de vendas? Presumimos que sim, mas realmente não sabemos. Será que conscientizar mais pessoas sobre o valor da sua marca significa vender mais? Supomos que sim, mas nem sempre. Vamos tentar preencher essas lacunas, demonstrando como mensurar e fazendo perguntas. Isso pode nos ajudar a obter as respostas.

Abandonando o volume

Um dos principais problemas em adotar métricas baseadas em volume é que elas não indicam como realmente é o sucesso. Talvez você tenha a sensação de que conseguir 10.000 seguidores na sua página do Facebook é um grande sucesso. Entretanto, se o seu concorrente mais próximo tiver 500.000 seguidores, a história, de repente, muda de figura.

O volume prevalece nas avaliações de mídias sociais, mas também em outros canais digitais. Olhamos para fatores como quantidade de e-mails que enviamos, ou número de impressões (ou exibições) em páginas, ou número de visitantes em nossos sites. Não se trata tanto de mensurações de sucesso ou fracasso, mas sim de fatores indicativos que podem levar aos resultados almejados.

Benchmark de métricas sociais

Para não focar apenas em mensurações baseadas em volume nas mídias sociais, podemos tomar várias providências e considerar uma abordagem ligada à análise de dados. No entanto, mesmo sem entrar na análise de dados, podemos fazer algumas coisas simples para termos muito mais informações práticas. Precisamos tentar comparar ou medir, e, para isso, temos algumas métricas de mídias sociais, baseadas em indicadores, que são fáceis de usar (mas que são usadas muito raramente). Para calcular ambas as métricas, você precisa de duas das ferramentas de mensuração das mídias sociais que analisamos no Capítulo 5: o *share of voice* e engajamento da audiência.

Share of voice é um ótimo índice para compreender a sua posição, em comparação com os seus concorrentes, e para julgar o sucesso e a reação aos seus esforços nas mídias sociais. Você precisará de uma ferramenta de *social media listening* para calcular esse índice, e, para muitos canais, há ferramentas gratuitas que o ajudarão nesse trabalho.

Você começa medindo o nível de conversas sobre a área em que está interessado. Por exemplo, recentemente um cliente se interessou por conversas sobre cuidados com a pele. A forma mais fácil de fazer isso é considerar um canal de cada vez. Então, quantos são os tuítes sobre o tópico "cuidado com a pele" em determinada região? Isso pode ser verificado na pesquisa avançada do Twitter.

Para isso, é preciso definir um conjunto de palavras e frases-chave a serem monitoradas, e depois verificar o nível de conversas sobre essas palavras e frases. A seguir, você repete o processo, mas apenas identifica os tuítes que se referem especificamente ao seu produto, marca ou serviço. Você terá, então, dois números: um sobre as conversas totais e outro sobre as conversas sobre o seu produto. Divida o número de conversas sobre o seu produto pelo número total de conversas sobre o tópico, e o quociente será o *share of voice*. Talvez seja muito baixo, mas você pode prosseguir com seus esforços nas mídias sociais e, então, fazer novas medições periódicas, geralmente mensais. O progresso alcançado em termos de aumento desse indicador oferece orientação mais proveitosa do que considerar apenas o número de tuítes ou curtidas. Outro aspecto positivo dessa mensuração é a possibilidade de calculá-la para os concorrentes. Você passa a ter, então, métricas sociais comparadas, que podem indicar-lhe o nível de eficácia das suas iniciativas, e como elas se comparam às dos concorrentes.

Engajamento da audiência é outro indicador a ser medido e comparado facilmente, em relação ao dos concorrentes. Minha tendência é considerá-lo plataforma por plataforma, de modo a conhecer o engajamento da minha audiência no Twitter, Facebook, etc., a fim de tomar iniciativas para melhorá-lo. Eu normalmente faço medições mensais.

Você começa olhando o tamanho da sua audiência total em determinada plataforma social, como o Facebook ou o Twitter. Então, considera a proporção da audiência que efetivamente está se engajando com você. Assim, por exemplo, se você tiver 10.000 curtidas no Facebook, e ao postar algum conteúdo você obtém 1.000 curtidas no novo post, como parte das curtidas totais, o engajamento da sua audiência é de 10%.

Precisamos definir o que entendemos por engajamento. Numa plataforma como o Facebook, há várias formas de se engajar, na medida em que você pode curtir, compartilhar e comentar uma postagem. Incluo qualquer uma dessas atividades como engajamento. No Twitter, considero respostas ou retuítes como engajamento, e assim por diante. Em termos técnicos, se o mesmo usuário executar várias atividades de engajamento na mesma plataforma, em relação ao mesmo tópico de conteúdo, não devemos contar essas atividades mais de uma vez. Na prática, contudo, realmente não importa, desde que você esteja comparando *like* com *like*, isto é, usando os mesmos critérios e nas mesmas condições. Além de fazer essa mensuração para as suas próprias plataformas sociais, você também pode aplicá-las com muita facilidade a seus concorrentes.

Benchmarking *e resultados do negócio*

Embora as mensurações comparadas, ou *benchmarking*, não se relacionem diretamente com resultados do negócio, elas têm muito mais a ver com nos ajudar a alcançar os nossos objetivos do que apenas comparar as mensurações baseadas em volume. Realisticamente, se você estiver focando a audiência certa, o seu *share of voice* estará crescendo e o engajamento da sua audiência aumentando. Ainda existe uma lacuna entre essa situação e as vendas efetivas, mas estamos chegando mais perto.

O próximo estágio é conectar essas medições das mídias sociais à nossa análise de dados e aos objetivos do negócio, o que veremos nos próximos capítulos.

As muitas formas da mensuração

Precisamos combinar várias técnicas de mensuração diferentes para realmente compreender o impacto de cada tópico do conteúdo em nossa atividade de marketing. Isso inclui a análise de dados básica, o uso ferramentas de pesquisa externa, as ferramentas de atribuição em marketing e, finalmente, a exclusão de alguns dados de planilhas. Não é tão árduo quanto parece, mas a realidade é que não é fácil, nem tarefa para qualquer profissional de marketing. Esse é um dos requisitos para o cálculo do ROI sobre o qual precisamos ser claros. É necessário planejar desde o início e depois repetir e aprimorar o processo.

OPINIÃO

TARGET INTERNET

Lidando com o engajamento fake e os *spam bots*

O que, exatamente, são os *spam bots* nas mídias sociais? Quem está por trás deles e por que são usados para criar falsos engajamentos? Vamos mergulhar no cerne desse estranho fenômeno on-line.

A Fig. 12.1 mostra um post na página da Target Internet, no Facebook. Veja todos esses engajamentos! O que estamos fazendo de tão espetacular?

Olha, realmente, é muito difícil para nós dizer no que estamos acertando e no que estamos errando em nossa estratégia para as mídias sociais – porque a maioria das curtidas e comentários sobre essa postagem e muitas de nossas outras postagens pode ser rastreada até por *spam bots* de mídias sociais. À primeira vista, essas ocorrências talvez pareçam boas para nós. Quem pode se queixar de todas essas curtidas e comentários angariados com tanta facilidade?

FIGURA 12.1: Engajamento fake numa página do Facebook

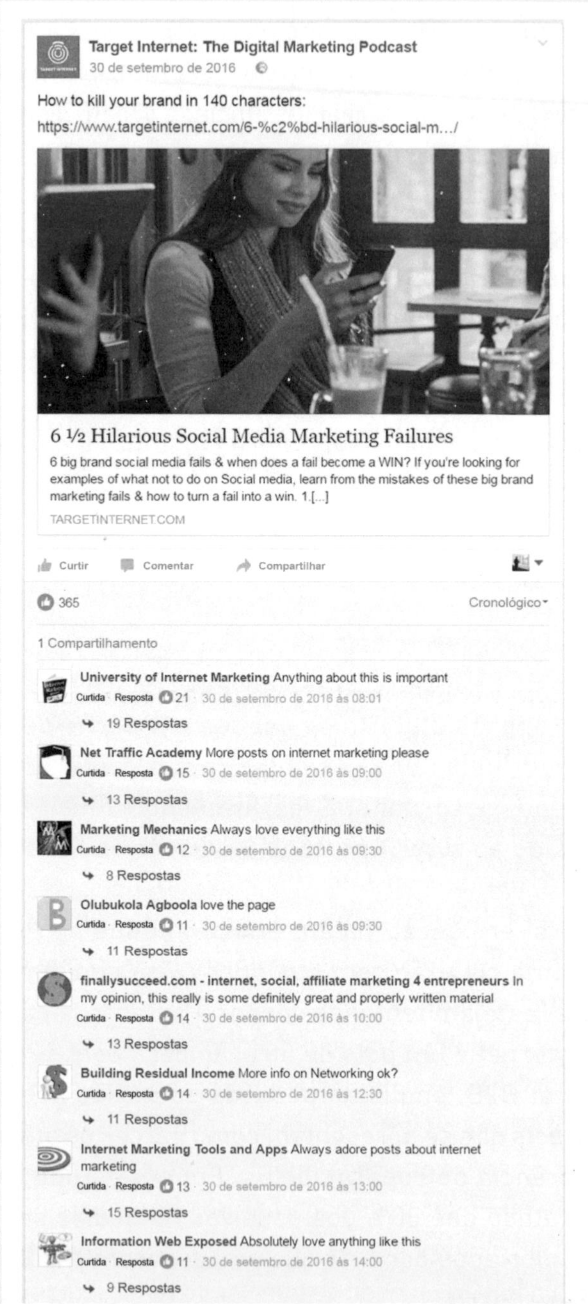

Na verdade, engajamentos sociais falsos são um verdadeiro problema para nós. Para começar, essas falsificações não são manifestações espontâneas. Um comentário como o "Qualquer coisa a esse respeito é importante", da "University of Internet Marketing", não ajuda em nada a melhorar a nossa representação ou estimular o diálogo positivo em nossos canais.

Seria preferível para nós ter uma pequena quantidade de ótimos engajamentos autênticos com o nosso conteúdo do que uma grande quantidade de péssimas interações forjadas. Os engajamentos falsos distorcem nossos dados sociais, o que torna muito mais difícil identificar as postagens que refletem genuinamente as melhores reações dos nossos seguidores legítimos.

Por que isso está acontecendo?

A função dos *spam bots* é angariar seguidores, *leads* de vendas e, no final das contas, dinheiro. Esses *bots* são, na verdade, apenas algoritmos usados em perfis de mídias sociais para gerar engajamentos com o conteúdo de outras pessoas. Isso, por sua vez, atrai engajamentos com o perfil ligado ao algoritmo, tanto de usuários reais quanto de outros *bots*.

Os *bots*, em geral, focam em conteúdos ou usuários com alguma conexão com qualquer coisa que, em última instância, estejam tentando vender. Portanto, a página da Target Internet é um polo de atração para *bots* de marketing digital B2B, enquanto pessoas solitárias podem ser alvos de *bots* que se apresentam como parceiros amorosos, com aparência de supermodelos. Em um estudo recente foi constatado que 30% dos usuários de mídias sociais já foram ludibriados por *bots* que se passaram por pessoas reais (Shah, 2017).

Por que isso está acontecendo nas mídias sociais?

Outras áreas públicas da web saborearam vitórias recentes nas batalhas contra conteúdo spam, mas as mídias sociais ainda são o parquinho de diversão dos *spammers*. Pense no sucesso do Google no combate a links de *spams*. Pense nas melhorias recentes na retenção de comentários fraudulentos em plataformas de blogs e, então, compare essa situação com a do Twitter, onde se comprovou que mais de 500.000 contas eram *bots* (BBC NEWS, 2017).

A beleza do Twitter e do Facebook é oferecerem uma plataforma onde se pode dizer qualquer coisa. Infelizmente, e apesar das contramedidas legais e práticas, como a detecção de *spams* por meio de *machine learning*, o aprendizado de máquina, essa política liberal oferece aos *spammers* maiores chances de fraude do que em outras áreas da internet com maior regulação e rigor.

Referências e leituras complementares

BBC News. *Massive Networks of Fake Accounts Found on Twitter*. 2017. Disponível em: <http://www.bbc.co.uk/news/technology-38724082>. Acesso em: 19 abr. 2017.

SHAH, H.; WARWICK, K. How the 'Good Life' is Threatened in Cyberspace. *University of Reading*. 2017. Disponível em: <http://www.academia.edu/2380537/How_the_Good_Life_is_Threatened_in_Cyberspace>. Acesso em: 19 abr. 2017.e

CAPÍTULO 13

PILARES E INDICADORES

Para garantir a eficácia do *digital branding*, precisamos conhecer a jornada da nossa audiência-alvo e compreender como ela pode ser influenciada, aprimorada e, acima de tudo, como ela pode nos levar aos resultados almejados. Para isso, precisamos mensurar o que é importante – aprendendo com o processo e melhorando os resultados.

Além do último clique

O papel da análise de dados, que discutiremos no próximo capítulo, mostra as atividades em nossos sites e aplicativos, e de onde veio o tráfego para essas plataformas. Também permite o rastreamento dos resultados almejados, pelo menos até certo ponto. O que precisamos deixar claro desde o início, entretanto, são as limitações da análise de dados e o que ela nos mostra.

Em geral, a análise de dados adota uma abordagem de "último clique". Em outras palavras, consideramos algum tipo de atividade, como um download, e averiguamos de onde veio o tráfego que a precedeu diretamente. O que isso não mostra são todos os passos anteriores ao último passo. Só porque eu cheguei ao seu site por uma ferramenta de pesquisa, e fiz o download de alguma coisa, não significa que o mecanismo de pesquisa foi o único responsável pela minha ação. Posso ter visitado o seu site 10 vezes antes, de várias fontes, durante um longo período – isso é o que realmente temos que compreender. Ainda bem que, usando alguns recursos como o Google Analytics, essa tarefa se tornou muito mais fácil.

A análise de dados também não é capaz de mensurar quando os nossos resultados acontecem off-line, ao vendermos pelo telefone ou na loja física, por exemplo. Mas será que, a partir disso, se pode concluir que o rastreamento por meio da análise de dados é perda de tempo? De modo algum! Significa apenas que devemos ser claros sobre o que queremos alcançar on-line e que esses objetivos devem ser tão próximos quanto possível dos nossos resultados almejados. Defino esses objetivos on-line como "pilares", que podem não ser efetivamente os nossos objetivos de negócio, mas que se encontram o mais perto possível do que podemos medir on-line.

Ao olharmos para a ampla variedade de mensurações que podemos fazer com base na análise de dados, como pesquisas e outras fontes que examinaremos no restante da Parte Três, precisamos decidir o que é importante e o que não é tão importante. Gosto de me referir a esses diferentes tipos de objetivos e mensurações on-line como "pilares" e "indicadores".

Pilares são atividades que podemos monitorar on-line e que se encontram tão próximas quanto possível de nossos objetivos de negócio. Se você estiver vendendo on-line por meio de cartão de crédito, o pilar será a venda. No entanto, se você estiver captando *leads*, talvez seja o número de formulários preenchidos ou a quantidade de chamadas para um número de telefone anunciado na web. Também podem ser inscrições num evento ou o download de um conteúdo. Em muitos casos, não se trata dos nossos objetivos de negócio finais, mas sim de objetivos que se situam o mais próximo deles quanto é possível. Fecharemos as lacunas entre essas atividades e os nossos objetivos finais nos capítulos 14 e 15.

Indicadores são atividades suscetíveis de serem mensuradas on-line e que impactam a quantidade de pilares construídos. Para conseguir um formulário de *lead* preenchido, preciso de tráfego para o site. Para alcançar esse tráfego, preciso de uma fonte de tráfego, como um mecanismo de busca ou uma plataforma de mídia social. Para obter tráfego de pesquisa, devo ser ranqueado em certos termos de pesquisa. E, para obter engajamento nas mídias sociais, preciso de fãs e seguidores. Cada uma dessas atividades pode ser desdobrada em indicadores. Para tráfego de pesquisa, meus indicadores poderiam ser como os mostrados nos Quadros 13.1 e 13.2.

QUADRO 13.1: Indicadores e fontes de dados para tráfego de pesquisa

Indicador	Fonte
Tráfego de mecanismos de busca	Análise de dados
Rankings para termos de pesquisa em ferramentas de busca	Ferramentas de *ranking* na web
Autoridade da página	Ferramenta de autoridade em SEO
Volume de pesquisas para um determinado termo de pesquisa	Dados de mecanismos de busca

QUADRO 13.2: Indicadores e fontes de dados para tráfego social

Indicador	Fonte
Tráfego de plataformas sociais	Análise de dados
% de usuários engajados	Plataforma social
Tamanho da audiência	Plataforma social

Dashboards* de *digital branding

Cada um desses indicadores nos leva mais longe rumo aos pilares, e, ao reuni-los em um *dashboard*, podemos começar a ver onde podem estar os nossos desafios. A Fig. 13.1 mostra como um único pilar pode ter inúmeros indicadores diferentes e como eles podem ser agrupados por fontes de tráfego. Exploraremos de onde vêm esses dados no próximo capítulo, sobre análise de dados, e ampliaremos esse *dashboard* para incluir indicações de como os canais trabalham juntos para alcançar nossos pilares.

FIGURA 13.1: "Pilar" e "indicadores" em um *dashboard*

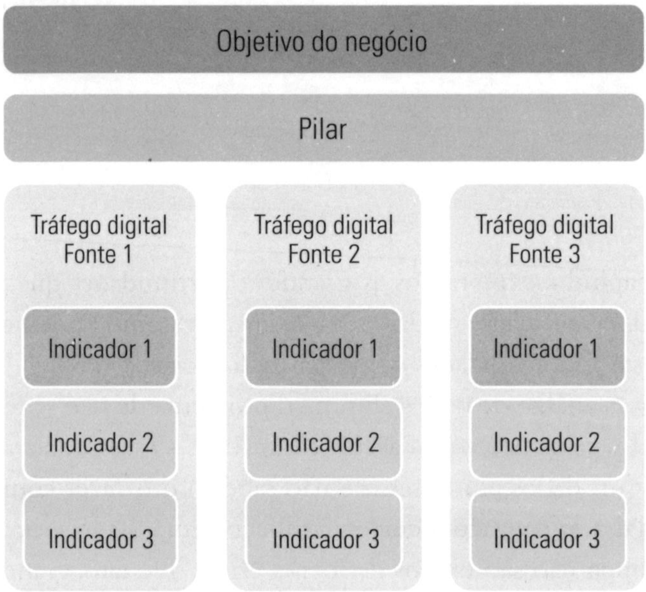

DASHBOARDS E MENSURAÇÕES

Para mensurar adequadamente e melhorar nossas iniciativas de *digital branding*, precisamos mensurar as coisas certas. Para ajudar nessa tarefa, criamos um *dashboard* de *digital branding* que pode ajudá-lo a definir o que é relevante e o que mensurar. Também o ajudará a identificar o que é de importância fundamental e o que é apenas um indicador.

Acesse: **http://www.targetinternet.com/digitalbranding**.

CAPÍTULO 14

O PAPEL DA ANÁLISE DE DADOS (*ANALYTICS*)

Neste capítulo, exploramos as grandes oportunidades que nos são oferecidas pela análise de dados, ou *analytics*, e como podemos aproveitar essas oportunidades como parte do nosso *dashboard* de *digital branding*. A análise de dados elimina o problema de não se ter dados suficientes para você avaliar as suas campanhas. O seu problema agora será possuir dados em excesso e não saber o que fazer com eles. A maioria das organizações que eu conheço agora usa *analytics*, mas os dados ainda não são usados de forma eficaz. De fato, grande parte delas usa a análise de dados para produzir um gráfico, atualizado mensalmente, que mostra o aumento do tráfego. Entretanto, esse gráfico não diz por que o tráfego está crescendo, como pode ser melhorado, e se, na verdade, está subindo mais lentamente do que o dos concorrentes. Os dados são apenas o ponto de partida. Para garantir a eficácia do *digital branding*, devemos ser capazes de analisar os dados e de aplicá-los para medir e melhorar as nossas iniciativas.

As maravilhas do Google Analytics

O Google Analytics, ferramenta gratuita com mais de 83% do mercado global de *analytics* (W3TECHS, 2017), oferece centenas de relatórios e uma grande variedade de opções de customização. É atualizado constantemente e inclui grande parte do que oferecem muitos pacotes pagos de *analytics* (ou até mais, em alguns casos). Dessa forma, uma das perguntas mais frequentes é: por que o Google Analytics é gratuito?

O Google Analytics começou como ferramenta comercial, denominada Urchin. A Urchin acabou sendo comprada pela Google, reembalada, e, então, disponibilizada de graça para ajudar os donos de sites a melhorá-los e aumentarem suas receitas. Por que será que o Google quer que você ganhe mais dinheiro? Porque, ganhando mais dinheiro, é mais provável que você gaste mais com os produtos de publicidade do Google, que geram 92% de seus resultados (Alphabet, 2017).

Há, na verdade, uma versão paga do Google Analytics, o Google Analytics Premium, que inclui mais recursos do que a versão gratuita, como um gerente de conta, suporte por telefone e SLA (Service Level Agreement). Também dispõe de mais funções e de acesso mais amplo a dados e customização. No entanto, custa cerca de US$ 150.000 por ano, quantia que pode parecer alta, mas proporciona uma ótima relação custo-benefício quando se considera o retorno e o fato de se destinar a grandes organizações.

USO GLOBAL DO GOOGLE ANALYTICS E PRIVACIDADE

Para algumas pessoas e algumas localidades, o Google Analytics não é adequado. Por exemplo, não funciona bem na China, uma vez que os dados são bloqueados, deixando o país e os usuários incapazes de entrar e de ler seus relatórios. Também há várias implicações legais quanto à inobservância da legislação sobre privacidade. Em outros casos, as pessoas simplesmente não gostam da Google e não querem expor seus dados à empresa. Para quem se inclui em um desses cenários, há várias alternativas. Entre as excelentes opções comerciais, o líder do mercado é o Adobe Analytics. Também existem muitas alternativas gratuitas, inclusive o excelente PIWIK. Os princípios básicos da análise de dados continuam os mesmos, e a maioria dos relatórios que analisamos aqui também existe nesses outros pacotes, às vezes com outros nomes.

Neste capítulo, focamos em mostrar de que maneira é possível usar uma ferramenta como o Google Analytics para ajudar em todos os estágios do *digital branding*. Mostramos como usar as ferramentas na prática e como aplicá-las em sites e aplicativos *mobile*.

Instalando o Google Analytics

A maioria dos pacotes de *analytics* usa uma técnica denominada *page tagging*. Ao criar uma conta no Google Analytics, você recebe um código exclusivo, a ser incluído em todas as páginas do seu site. Esse código, então, envia informações para o Google sempre que alguém usa uma das páginas do seu site ou telas de aplicativos (ver o box a seguir, para mais informações sobre *analytics* em aplicativos). Esses dados incluem vários relatórios específicos para *mobile*.

GOOGLE ANALYTICS PARA APLICATIVOS

Você pode incluir o Google Analytics em aplicativos e obter relatórios semelhantes aos de um site. Ao abrir uma conta de *analytics*, você adiciona uma nova "propriedade" (propriedade é um site ou um aplicativo). Depois de instalar a propriedade no aplicativo, você recebe um código de identificação exclusivo, a ser inserido no aplicativo. Essa operação é mais complicada do que apenas adicionar o código a todas as páginas do seu site, e deverá ser executada por um desenvolvedor de aplicativo.

O principal aspecto a compreender é que os relatórios de *analytics* de aplicativos, geralmente, se referem a telas em vez de páginas, como é o caso da *web analytics*, mas o alinhamento entre ambas é muito estreito. Também há vários relatórios sobre "eventos", ou seja, situações que ocorrem numa tela do seu aplicativo, sem a necessidade de carregar outra tela. Você também pode ver eventos em *web analytics*, mas, quando se trata de aplicativos *mobile*, os eventos são muito mais usados.

Principais relatórios

Depois de inserido o código de *analytics*, o seu pacote de *analytics* começará a registrar os visitantes do seu site ou aplicativo. Esses relatórios são desdobrados em diferentes categorias, cujas principais áreas serão destacadas a seguir.

Tempo real

Como sugere o nome, esses relatórios podem mostrar as pessoas usando seu site ou seu aplicativo em tempo real. É possível rastrear de onde vieram (mecanismos de busca, outros sites, etc.), quais conteúdos estão acessando, localização, entre outras informações. Um dos principais pontos a se lembrar sobre relatórios em tempo real é que eles podem ser extremamente envolventes, mas também induzir a um uso bastante improdutivo do seu tempo! Embora esses dados sejam fascinantes, não é fácil fazer alguma coisa com eles. É ótimo ver a reação instantânea a um e-mail enviado, ou a uma campanha nas mídias sociais, mas é difícil extrair dessas experiências alguma ideia viável.

Audiência

Este tópico diz tudo sobre onde sua audiência está localizada, mundialmente e, muito importante, sobre a tecnologia que ela está usando para acessar seu site ou aplicativo. Se incluem dados sobre os dispositivos móveis em que ela está acessando e o sistema operacional desses dispositivos (ver Fig. 14.1).

FIGURA 14.1: Relatório de audiência e dispositivos usados

Dispositivo móvel	Aquisição			Comportamento		
	Sessões	% Novas Sessões	Novos usuários	Taxa de Rejeição	Páginas/ Sessão	Duração Média da Sessão
	58.331 % do Total: 84,93% (68.679)	51,23% Méd. Vis.: 53,68% (-4,56%)	29.881 % do Total: 81,06% (36.864)	67,32% Méd. Vis.: 65,29% (3,12%)	3,26 Méd. Vis.: 3,69 (-11,75%)	00:02:02 Méd. Vis.: 00:02:14 (-9,36%)
1. Apple iPhone	**31.559** (54,10%)	49,37%	15.581 (52,14%)	68,53%	2,99	00:01:49
2. Apple iPad	**7.366** (12,63%)	50,95%	3.753 (12,56%)	65,29%	4,45	00:02:26
3. Samsung SM-G920F Galaxy S6	**1.658** (2,84%)	45,36%	752 (2,52%)	63,39%	3,58	00:02:21
4. (not set)	**1.529** (2,62%)	65,47%	1.001 (3,35%)	72,27%	2,59	00:01:41
5. Samsung SM-G930F Galaxy S7	**1.198** (2,05%)	50,50%	605 (2,02%)	61,27%	3,91	00:02:36
6. Samsung SM-G935F Galaxy S7 Edge	**924** (1,58%)	50,43%	466 (1,56%)	63,31%	4,01	00:02:48
7. Samsung SM-G900F Galaxy S5	**645** (1,11%)	48,68%	314 (1,05%)	67,91%	3,25	00:02:10
8. Samsung SM-G925F Galaxy S6 Edge	**580** (0,99%)	47,59%	276 (0,92%)	65,34%	3,58	00:02:15
9. Samsung SM-J500FN Galaxy J5	**319** (0,55%)	42,95%	137 (0,46%)	69,28%	2,53	00:02:09
10. Samsung SM-A300FU Galaxy A3	**292** (0,50%)	53,77%	157 (0,53%)	61,64%	3,33	00:02:12

(Google e o logo do Google são marcas registradas da Google Inc., usados com permissão.)

Outro relatório útil para ajudar a compreender a jornada do usuário é o *user flow*, ou fluxo do usuário (ver Fig. 14.2). Ele pode ser usado para ver como as pessoas estão navegando no seu site. O melhor desse relatório é a facilidade de mudar a forma como a audiência foi segmentada de início. Como padrão, você verá visitantes de cada país e como eles percorrem o site, quais páginas estão olhando, e por onde saem. No entanto, é fácil mudar essa segmentação inicial, de país para fonte do tráfego (pesquisas, redes sociais etc.). Ao fazer essa mudança, é possível explorar de que forma os visitantes de diferentes fontes de tráfego navegam no site e verificar como os comportamentos diferem uns dos outros. Essas constatações podem ser úteis para ver onde cada canal se encaixa no seu *digital branding* em geral.

FIGURA 14.2: Relatório de fluxo do usuário a partir da fonte de tráfego

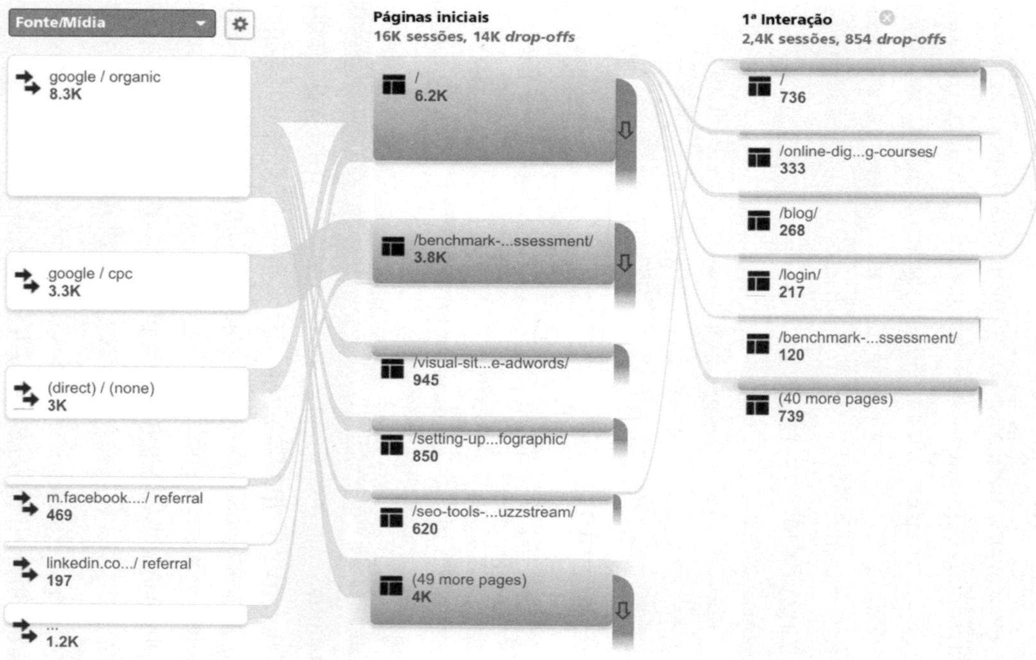

(Google e o logo do Google são marcas registradas da Google Inc, usados com permissão.)

Aquisição

Os relatórios de aquisição, antes denominados "fontes de tráfego", mostram de onde vem o tráfego e ajudam a identificar quais dos seus canais digitais estão ajudando a enviar visitantes para o seu site. Você pode visualizar o tráfego de mecanismos de busca, de plataformas de mídias sociais e de outros sites, assim como o tráfego direto. O tráfego direto é composto, teoricamente, de usuários que digitaram o endereço do seu site no navegador ou clicaram em um link salvo anteriormente. Na verdade, a designação "tráfego direto" indica apenas que o Google não consegue identificar a procedência do tráfego (voltaremos a esse tópico mais adiante, quando falarmos sobre código de rastreamento).

SEGMENTOS AVANÇADOS E COMPREENSÃO DA JORNADA DO USUÁRIO

O "segmentos avançados" é um recurso extremamente poderoso do Google Analytics, geralmente esquecido, mas que é incrivelmente útil quando se tenta compreender a jornada do usuário e cada um dos pontos de contato do *digital branding*. Permite a você escolher determinado segmento da sua audiência e, então, ver todos os relatórios normais para esse segmento, em especial. Também é possível selecionar vários segmentos e compará-los uns com os outros no mesmo relatório. É fácil selecionar segmentos pré-definidos, ou, com um pouco mais de conhecimento, delimitar seus próprios segmentos customizados.

Outro recurso dentro dos relatórios de aquisição mostra, com mais detalhes, o tráfego em seu mecanismo de pesquisa e facilita a compreensão de diferentes termos de pesquisa que estão direcionando visitantes para o site. Ao usar esses relatórios em combinação com "segmentos avançados", você pode começar a compreender as diferentes formas de os usuários de várias localidades, em diversos dispositivos e em vários momentos, explorarem o seu conteúdo.

Infelizmente, uma mudança na forma de o Google apresentar os relatórios resultou em que vários termos de pesquisa, que as pessoas usam para encontrar o seu site, não serão mais considerados e na tela aparecerá como "(não fornecido)" (ver Fig. 14.3). O motivo é que o Google decidiu que qualquer pessoa numa conexão segura (um site cujo endereço começa com https://) não enviará mais os termos de pesquisa (que usaram para encontrar o site) para a análise de dados. Essa é a situação atual da maioria das buscas.

FIGURA 14.3: Termos de pesquisa no relatório de aquisição

Palavra-chave	Aquisição Sessões
	8.470 % do Total: 51,46% (16.458)
1. (não fornecido)	**7.836** (92,51%)
2. target internet	**24** (0,28%)
3. (não definido)	**8** (0,09%)
4. ferramenta de monitoramento da reputação da marca	**8** (0,09%)
5. Palavras-chave do canal para o YouTube	**8** (0,09%)
6. Ferramenta enterprise para SEO	**7** (0,08%)
7. Ferramenta de *analytics* para SEO	**7** (0,08%)
8. SEO *ranking analytics*	**7** (0,08%)
9. Ferramenta para SEO on-line	**7** (0,08%)
10. Ferramenta para SEO	**7** (0,08%)

(Google e o logo do Google são marcas registradas da Google Inc., usados com permissão.)

Felizmente, há uma solução parcial para esse problema. Se formos para a opção no menu do Search Engine Optimization, temos a opção de conectar nossa *analytics* com a nossa conta no Google Search Console. Basicamente, essa solução fornece muito mais detalhes sobre o que as pessoas estão pesquisando para nos encontrar. Os dados são muito mais precisos, mas ela não fornece muito mais insights do que os que já são oferecidos pelo relatório de palavras-chave (ver Fig. 14.4).

FIGURA 14.4: Conexão com o Google Search Console

Consulta de pesquisa	Aquisição			
	Impressões ↓	Cliques	CTR	Posição média
	554.436 %do Total: 87.48% (633,778)	5,709 % do Total: 85.66% (6,665)	1,03% Méd. Vis.: 1,05% (-2,09%)	26 Méd. Vis.: 24 (4,21%)
1. (não definido)	**75.090** (13,54%)	3,093 (54,18%)	4,12%	19
2. youtube banner template	**40.447** (7,30%)	86 (1,51%)	0,21%	1,1
3. youtube template	**8.243** (1,49%)	12 (0,21%)	0,15%	1,0
4. seomoz	**5.385** (0,97%)	1 (0,02%)	0,02%	23
5. seo analytics	**3.531** (0,64%)	1 (0,02%)	0,03%	29
6. seranking	**3.427** (0,62%)	1 (0,02%)	0,03%	9,6
7. seo moz	**3.310** (0,60%)	0 (0,00%)	0,00%	36
8. advanced web ranking	**3.183** (0,57%)	1 (0,02%)	0,03%	5,4
9. digital marketing training	**3.046** (0,55%)	4 (0,07%)	0,13%	33
10. raven tools	**2.973** (0,54%)	2 (0,04%)	0,07%	12

(Google e o logo do Google são marcas registradas da Google Inc., usados com permissão.)

Em "Aquisição", também é possível examinar qualquer tráfego oriundo de campanhas *pay-per-click* (PPC) que você estiver fazendo. Se você estiver usando a plataforma Google Adwords, é possível conectar a sua conta de *analytics* com a sua conta PPC, e, assim, obter todos os relatórios sobre a campanha, diretamente no Google Analytics.

Comportamento

Como você provavelmente já está imaginando, os relatórios de comportamento destacam o que os usuários estão fazendo no seu site e quais tópicos do seu conteúdo são os mais populares (eles já foram chamados de "relatórios de conteúdo"). Também mostram quanto tempo os usuários ficam em certas páginas e consideram aspectos como taxas de rejeição e de saída ("rejeição" é alguém entrando e saindo de um site, na mesma página; "saída" é simplesmente a última página visitada pelo usuário).

NEM TODAS AS REJEIÇÕES SÃO IGUAIS

Geralmente assumimos que as rejeições são ruins. Por exemplo, alguém chegando ao seu site, vindo de uma ferramenta de busca, chegando na sua home page, não gostando do que viu, e saindo logo em seguida; isso é uma rejeição. No entanto, alguém marcando o seu blog, porque o lê todas as semanas, chegando na página, lendo-a durante 25 minutos e saindo, também é uma rejeição. O visitante entrou e saiu do site da mesma página. Portanto, uma rejeição nem sempre é ruim, se o usuário conseguiu o que queria.

Conversões

Este é o mais importante conjunto de relatórios em *analytics*, do ponto de vista do *digital branding*, por ser o que se alinha mais estreitamente com os objetivos do negócio. A conversão ocorre quando alguém realiza um dos seus objetivos on-line. Como normalmente o Analytics não terá nenhum objetivo definido, para extrair o máximo do seu pacote de análise de dados você realmente precisa definir alguns objetivos.

Um exemplo de objetivo é um usuário fazer alguma coisa que você quer que ele faça. Pode ser comprar alguma coisa, preencher um formulário de geração de *leads*, clicar em um anúncio, ouvir um podcast ou qualquer outra coisa que possa estar relacionada com os seus objetivos finais de negócio. É possível definir esses objetivos dentro da função de administrador do Analytics, e é importante compreender os diferentes tipos de objetivos a serem estabelecidos:

- **URL de destino** – Um visitante chegando a determinada página. Frequentemente, uma página de "agradecimento", como "Obrigado por comprar", "Obrigado pelo download", etc. Sabemos que quem chega a uma dessas páginas executou uma ação, que podemos considerar um objetivo.
- **Duração da visita** – Você pode decidir que quem ficou no seu site durante certo período demonstrou estar usando o seu conteúdo, o que pode ser útil se o seu objetivo for "conscientização", por exemplo.
- **Páginas por visita** – Você também pode concluir que quem visita certo número de páginas do seu site está realizando um objetivo. No entanto, lembre-se sempre que isso talvez signifique que o usuário não consegue encontrar o que está procurando e está fazendo a varredura do seu site em busca do que quer.
- **Evento** – É algo que acontece dentro da página, como alguém clicando num link para outro site, ou preenchendo o campo de um formulário. Também é possível rastrear esses tópicos dentro da página, mas, para isso, é necessário outro código a ser adicionado às páginas para cada evento a ser rastreado.

Depois de configurar esses objetivos, você começará a receber relatórios, que mostram todos os objetivos realizados, e, mais uma vez, podem ser usados em conjunto com segmentos avançados para segregar objetivos realizados, em meio a fontes de tráfego específicas (ver Fig. 14.5).

FIGURA 14.5: Olhando um relatório de objetivos com segmentos avançados, para separar objetivos realizados em dispositivos *mobile* e desktops

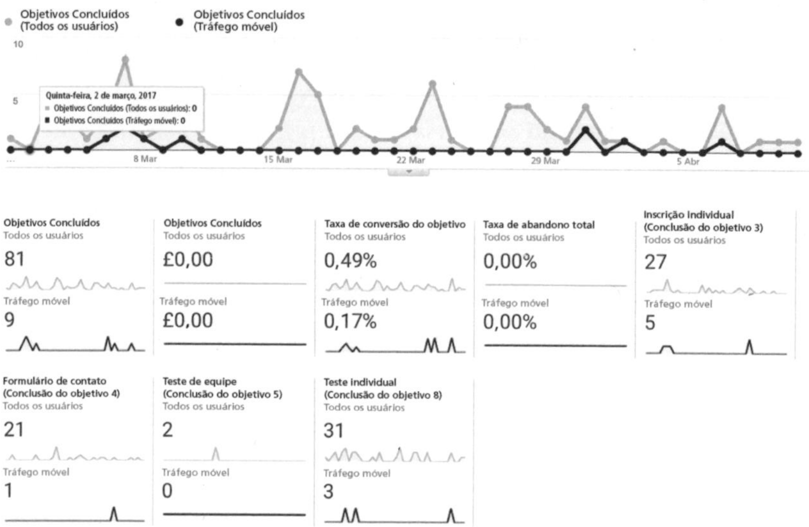

(Google e o logo do Google são marcas registradas da Google Inc., usados com permissão.)

Funis multicanal

Uma das limitações dos relatórios de objetivos é adotar uma abordagem de "último clique". Em outras palavras, se você olhar a fonte de um relatório, ela lhe mostrará a origem do tráfego que levou o visitante ao seu site. Por exemplo, se você fez uma pesquisa no Google, chegou ao meu site e, então, preencheu um formulário, a fonte do objetivo seria pesquisa. Há, no entanto, um problema nisso: se, por exemplo, você recebe um e-mail, visita o meu site, e, uma semana depois, faz uma pesquisa e, então, preenche um formulário no meu site – mais uma vez a fonte da conversão seria dada como a pesquisa, mas nesse caso o e-mail também contribuiu.

Esse é o ponto em que os poderosos relatórios de "funis multicanal" entram em cena. Esses relatórios indicam todas as diferentes fontes de tráfego que contribuíram para a realização dos objetivos. Então, por exemplo, se muitos usuários estão visitando meu site por meio de plataformas de mídias sociais, mas, depois, repetem a visita via pesquisa, e, então, realizam meus objetivos, esses relatórios deixam clara essa situação. Eles mostram as porcentagens de todas as minhas conversas que envolveram cada uma dessas diferentes fontes de tráfego, mesmo que não tenha sido o último clique antes da conversão (ver Fig. 14.6). Essas informações podem ser extremamente úteis para você começar a compreender como cada uma das suas diferentes atividades de marketing está efetivamente contribuindo para a realização dos seus objetivos (ao fim deste capítulo, exploraremos como combinar as informações dos funis multicanal com nossas outras fontes de informação, para a construção de *dashboards* de *digital branding* mais eficazes).

FIGURA 14.6: Relatório de "funis multicanal"

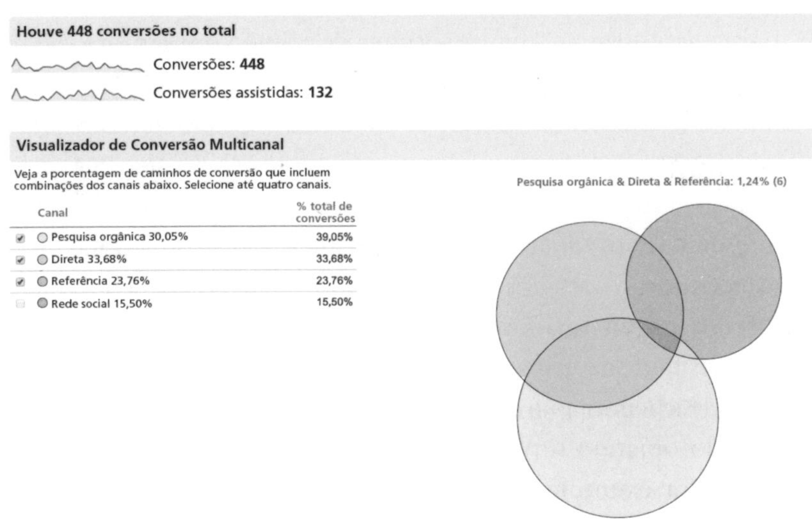

(Google e o logo do Google são marcas registradas da Google Inc., usados com permissão.)

RECURSOS DE APRENDIZADO PRÁTICO PARA ANÁLISE DE DADOS

Ler sobre análise de dados é uma coisa, mas, na hora de experimentar cada um desses relatórios, talvez você precise de um pouco de ajuda. Apresento aqui os meus dois recursos favoritos para o aprendizado sobre *analytics*. Ambos são da Google e são gratuitos:

Analytics Academy – Tutoriais on-line interativos que o acompanham por entre os principais relatórios de *analytics* de forma muito elucidativa: **https://analytics.google.com/analytics/academy/**.

Google Analytics YouTube Channel – Essa é sem dúvida uma mina de ouro entre os tutoriais e explicações sobre *analytics*. Também inclui a excelente Web Analytics TV, com os talentosos Avinash Kaushik e Nick Mihailovski respondendo a muitas perguntas de usuários sobre Google Analytics: **https://www.youtube.com/user/googleanalytics**.

Código de rastreamento ou *tracking code*

Para acompanhar algumas fontes de tráfego em seu site, talvez seja necessário usar o código de rastreamento do Analytics. Essa tarefa pode ser especialmente útil se, por exemplo, você estiver colocando diferentes versões de um anúncio, em diferentes dispositivos. O código de rastreamento é adicionado a um link da web e, então, quando a fonte de tráfego for mostrada, os detalhes que você inseriu serão fornecidos. Vamos ver um exemplo para facilitar a compreensão.

Se eu inserir um link em um e-mail que direciona o tráfego para o meu site, sem adicionar um código de rastreamento, o tráfego gerado pelo e-mail aparecerá como tráfego direto. A razão disso é que quando um usuário clica num link em um e-mail, o Google geralmente não sabe a procedência desse link (a não ser que estejamos falando de um *webmail*). Portanto, para compreender nossos visitantes de e-mail, precisamos acrescentar um código de rastreamento em todos os nossos links, para distinguir de onde veio o tráfego e analisá-lo adequadamente.

Gerar código de tráfego é muito simples e, ainda bem, o Google nos oferece uma ferramenta para facilitar ainda mais as coisas. Primeiro, pesquise "Google URL Builder". Você encontrará o Google URL Builder, que é apenas um formulário on-line para gerar códigos de rastreamento. Entre com a página para a qual você quer linkar, preencha alguns campos e o sistema gerará um novo link, que inclui o seu link original, com a inserção de um código de rastreamento. Agora, se você acrescentar esse novo link a um e-mail, se alguém clicar no link o e-mail será reportado no Google Analytics como "tráfego de campanha", junto com o nome que você lhe deu e com qualquer outro detalhe digitado no URL Builder.

Esse processo pode ser usado para gerar códigos de rastreamento para e-mails, anúncios on-line, links em plataformas de mídias sociais, e assim por diante e, talvez, ainda o ajude a rastrear links específicos e o tráfego que eles estão enviando para o seu site. Tudo isso é essencial ao tentar implementar *dashboards* de marketing digital.

Dashboards e *analytics*

Nos capítulos anteriores, exploramos a ideia de usar *dashboards* para compreender melhor o nosso *digital branding*. Grande parte dos dados desses *dashboards* está em nossa análise de dados; particularmente em nossos pilares (normalmente configurados como objetivos) e em alguns de nossos indicadores (como volumes de tráfego vindos de determinada fonte).

Também precisamos ver como esses canais atuaram juntos para alcançar nossos pilares, e a Fig. 14.7 mostra como combinar pilares, indicadores e dados, provenientes de funis multicanal, para identificar visualmente o que está e o que não está funcionando. As "contribuições percentuais" são extraídas dos funis multicanal para mostrar como cada fonte de tráfego contribuiu para determinado pilar que estamos analisando. Para usar funis multicanal, precisamos ter configurado nossos pilares como "objetivos" na análise de dados.

FIGURA 14.7: *Dashboard* utilizando um "pilar" com informações de funis multicanais

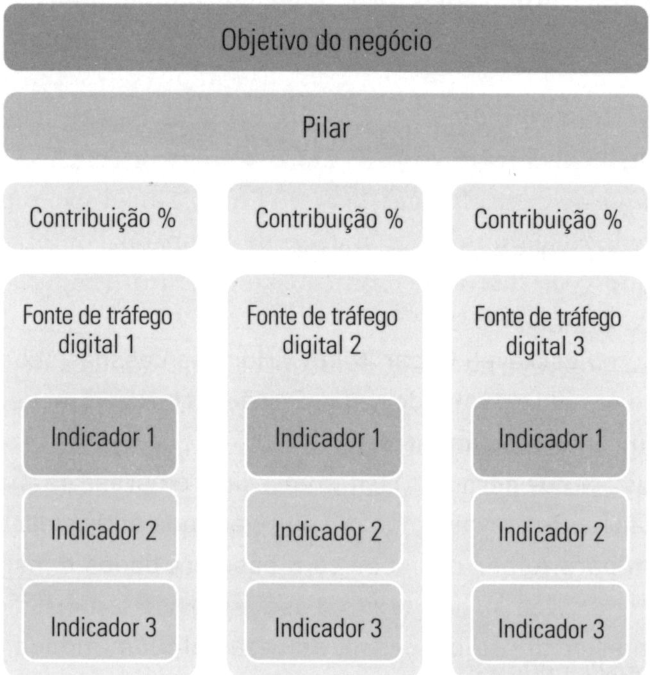

Conclusões sobre análise de dados (*analytics*)

A análise de dados, ou *analytics*, oferece um enorme aparato de ferramentas e informações com as quais é possível compreender melhor a nossa audiência e como ela se movimenta para realizar os nossos objetivos on-line. No entanto, a não ser que todos os nossos negócios sejam feitos on-line, ainda precisamos fechar as lacunas entre o on-line e o off-line, e compreender como as nossas atividades on-line contribuem para nossos objetivos de negócio globais. Isso é o que veremos no próximo capítulo.

DASHBOARDS E PADRÕES DE ANÁLISE DE DADOS

Não se esqueça de que preparamos um *framework* de *dashboard* que você pode baixar e adequar às suas necessidades, para ajudar a rastrear e melhorar as suas iniciativas de *digital branding*.

Acesse: **http://www.targetinternet.com/digitalbranding**.

OPINIÃO

WILL MCINNES, CMO da Brandwatch

Como escreveu Oscar Wilde: "Hoje, as pessoas sabem o preço de tudo e o valor de nada". Se não for possível mensurar, significa que não importa?

Eis por que pergunto isso: somos uma empresa de análise de dados. Desenvolvemos um software que outras pessoas usam para tomar decisões com base em dados e insights vindos da web social. Muito disso é movido a métricas. E, no interior desse processo, às vezes alguém indaga: "Só importa se for mensurável? E se não for mensurável? Será que importa?".

Vamos ver o exemplo do meu cargo. Como CMO da Brandwatch, preciso assumir a responsabilidade pelo que a empresa investe em marketing – tanto no que se refere às pessoas quanto aos recursos financeiros.

Nesse mix, o Google Paid Search mostra um caminho claro, muito bom, para atribuição de valor. As pessoas clicam no anúncio, visitam o site, pedem uma demonstração, tornam-se oportunidades, e, então, mais abaixo no funil, algumas viram clientes.

"É isso aí!", você grita.

“O que é medido é feito”

O problema é que nosso anúncio de melhor desempenho é para o termo “Brandwatch”. Isso mesmo. Poderoso, não? Aqueles fantásticos clicadores, eles já sabiam o que estavam procurando. Mas, como será que, para começo de conversa, sabiam como nos procurar? A triste realidade é que, provavelmente, nunca saberemos.

Marketing, no sentido mais amplo da palavra.

Talvez tenha sido por causa do nosso épico *share of voice* na mídia; quem sabe seja devido ao nosso genial pessoal, que, à toda hora, brilha nas nossas pesquisas, como o nosso recurso mais valioso; ou, porventura, aquela avaliação de alto nível feita por um analista influente.

Seja como for, o bom Google PPC, velho de guerra, capta essa atribuição de valor (a não ser que sejamos realmente inteligentes).

O mistério do imensurável

Sendo assim, tudo isso me leva a especular sobre o imensurável. O que pode ser mensurado?

Eis algumas coisas em que tenho pensado, desde a mais prática até a mais esotérica:

Dark social – obviamente. Mas WhatsApp, Snapchat, WeChat, e qualquer outro são parcialmente ou totalmente obscuros. É um bom ponto de partida para essa lista.

Influência

Em outras palavras, nós, na Brandwatch, ajudamos nossos clientes a localizar “influenciadores”, e temos novos produtos vibrantes nessa mesma área.

Mesmo assim, influência é algo incrivelmente difícil de capturar. Análise de citações é útil, o que inspirou o

PageRank da Google. Influência aplicada, no entanto, é um conceito altamente dinâmico e contextual. É uma área interessante.

Análise preditiva – o que acontecerá em seguida? Essa é uma área escorregadia, e certamente fácil de virar *hype*, sob o impulso de idiotas levianos como eu, e um pouco difícil de entregar.

Mas, seja como for, estamos na era do *machine learning*, o aprendizado de máquina. A Inteligência Artificial está batendo à porta. Com todas essas redes neurais e super cientistas de dados, será mesmo que chegaremos a algum lugar?

As interconexões entre as coisas

Talvez eu tenha surrupiado essa ideia do pensamento sistêmico, mas as interconexões são interessantes e poderosas.

Quando tentamos lidar com algumas coisas, como causas da obesidade ou algo mais prosaico, como atribuição de marketing, é realmente nas interconexões entre as coisas que os nossos modelos quebram e se tornam frágeis e ineficazes.

Penso na Brandwatch no futuro, onde ela pararia se, realmente, fosse mensurar integralmente tudo o que fosse importante para ajudá-lo a decidir melhor.

Como as pessoas realmente se sentem

Meu especialista favorito em pesquisa de mercado sempre me lembra que "as pessoas não dizem o que querem dizer e não querem dizer o que dizem".

Todos os tipos de novas abordagens interessantes estão em jogo, de olho, sobretudo, na neurociência, imagem por ressonância magnética, entre outras coisas.

Mas toda uma gama de pesquisa acadêmica – de economia comportamental, passando por estudos sobre a eficácia de marketing ao longo prazo, conduzidos pelo professor Byron Sharp e pelo Ehrenberg-Bass Institute for Marketing Science – mostram que realmente não sabemos por que nos comportamos como nos comportamos.

E, assim, o desafio continua.

Referências e leituras complementares

ALPHABET Investor Relations. 2017. Disponível em: <https://abc.xyz/investor/index.html>. Acesso em 19 abr. 2017.

W3TECHS. *Usage Statistics and Market Share of Google Analytics for Sites*. 2017. Disponível em: <http://w3techs.com/technologies/details/ta-googleanalytics/all/all>. Acesso em: 19 abr. 2017.

CAPÍTULO 15

FECHANDO AS LACUNAS

O *dashboard* desenvolvido nos capítulos anteriores, que mostra como cada canal on-line contribuiu para a realização de nossos pilares, tem algumas limitações. Ele não indica, efetivamente, quantas pessoas que completam nosso pilar realmente prosseguem para concluir nossos objetivos. Embora um pilar mostre uma ação que está tão perto quanto possível do nosso objetivo de negócio final, daí não se conclui que este foi de fato alcançado. Além disso, o *dashboard*, até agora, inclui somente as experiências on-line, mas não as experiências off-line.

Correlação de lacunas

Correlação de lacunas é um processo simples de fazer perguntas que mostrem a conexão entre pilares e objetivos finais do negócio. Perguntamos a cada um dos clientes que completam nosso objetivo final de negócio se concluíram qualquer um de nossos pilares. Calculamos, então, a porcentagem média dos que concluem. Podemos compreender essa porcentagem de duas formas: dados de amostra e amostragem contínua.

Dados de amostra

Podemos calcular a porcentagem dos clientes que completam nosso objetivo final e perguntar-lhes sobre a conclusão do pilar. Quando acharmos que colhemos uma amostra grande o suficiente (dê uma olhada em "tamanhos da amostra", no box a seguir, para mais detalhes sobre isso) podemos usar essa porcentagem prospectivamente para estimar quantas pessoas que completaram cada um dos pilares prosseguirá para completar nossos objetivos de negócio.

Amostragem contínua

Nesse cenário, perguntamos continuamente aos clientes que completam nossos objetivos se completaram também os pilares, e alimentamos nosso *dashboard* com as respostas. Esse processo, obviamente, é menos suscetível do que os dados de amostra, a dar informações equivocadas resultantes de mudanças temporais nas relações entre pilares e objetivos de negócio.

TAMANHOS DE AMOSTRA E NÍVEIS DE CONFIANÇA

Precisamos saber quantos clientes devemos entrevistar para conseguir uma estimativa precisa do relacionamento entre pilares e objetivos de negócio. O número de clientes entrevistados é o tamanho da nossa amostra. Quanto maior for a porcentagem de clientes pesquisados, mais confiança teremos nos resultados. Para fazê-lo com eficácia, precisamos definir o tamanho da amostra como porcentagem do número total de clientes. A planilha do nosso *dashboard* de *digital branding* fornece uma calculadora de tamanho de amostra: **http://www.targetinternet.com/digitalbranding**.

Simplificando – e o perigo de selecionar os pilares errados

Essa abordagem para compreender como cada um dos diferentes elementos do nosso marketing está contribuindo para o objetivo final deve gerar um *dashboard* fácil de usar, que mostre o que está e o que não está funcionando. É propositadamente simples, mas, como mostraremos a seguir, não leva em conta certos fatores.

Sistemas de modelagem de atribuição de valor, como os incluídos no Google Analytics, tentam olhar a ordem em que esses diferentes canais são usados para estimar o valor que será atribuído a eles. Esse modelo reúne todas as diferentes possibilidades de sequências de ações, para tentar criar *dashboards* factíveis. Quando selecionamos os pilares errados, os resultados também serão equivocados. O risco é que ninguém os esteja completando, mas, nesse caso, eles prosseguem para completar nossos objetivos de negócio. Essa situação resultaria em *dashboards* um tanto inúteis. Por isso, sugiro focar, de início, numa faixa de pilares, de modo a verificar os que são mais importantes. É possível peneirá-los para ficar com os mais adequados a um *dashboard* simples. Lembre-se de que a finalidade de um *dashboard*, quando estamos tratando de *digital branding*, é compreender, em alto nível, a influência exercida pela soma das experiências que estamos proporcionando, em vez de nos afogar em detalhes.

Integrando os canais e as experiências off-line

Uma experiência off-line inclui coisas como ver um anúncio impresso, assistir a um comercial na TV, telefonar para o atendimento ao cliente ou participar de um evento. O que precisamos é compreender como cada uma dessas experiências off-line impactou a intenção objetiva dos clientes potenciais. Na prática, isso significa que, quando indagados sobre essas experiências off-line, eles dirão que se sentiram mais propensos a executar a ação que é nosso objetivo de negócio (trata-se, normalmente, de uma venda, mas não necessariamente) ou negarão qualquer influência? A dificuldade aqui é definir como fazer a pergunta, o que dependerá do tipo de experiência off-line de que estamos falando. No caso de telefonema para o atendimento ao cliente, a pergunta é muito simples. No entanto, para um comercial de TV ou para um anúncio impresso, precisamos ser mais criativos, o que tipicamente envolve testar o anúncio com uma audiência-teste. Essa audiência-teste deve ser uma amostra tão representativa quanto possível da audiência-alvo, mas a pergunta sobre a intenção de compra talvez deva ser hipotética: você acha que isso aumentaria a probabilidade de executar o nosso objetivo? Por isso, a amostragem com experiências off-line é geralmente muito menos precisa do que com experiências on-line.

Essa amostragem nos dá a porcentagem de intenção e, para simplificar, estamos vendo isso como equivalente a concluir um pilar para nossas experiências on-line, como mostra a Fig. 15.1. Não se trata de exemplos *like-for-like*, mas, mesmo assim, fornecem um bom *dashboard*.

FIGURA 15.1: Ampliação do *dashboard*, incluindo a contribuição de experiências off-line

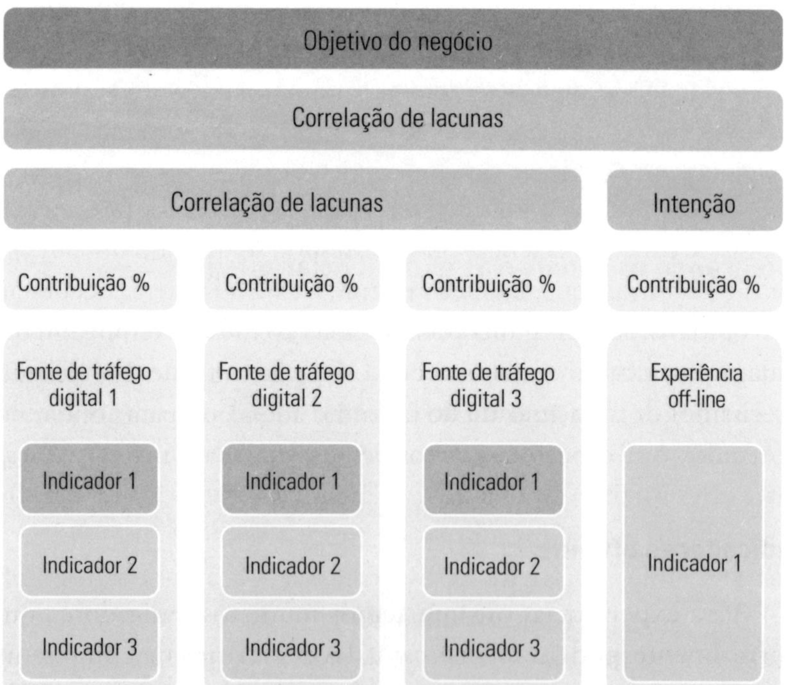

> **EVITANDO A NECESSIDADE DE AMOSTRAGEM OFF-LINE**
>
> Se a ideia de compor um grupo de teste e fazer perguntas a ele parece difícil e inexata, há uma solução alternativa: tente simplesmente levar para o seu site as pessoas que tiveram experiências off-line, e, então, pedir-lhes para completar um pilar on-line.
>
> O exemplo a seguir, entretanto, mostra a falha desta abordagem. Se eu vir um anúncio impresso que me encoraja a entrar on-line, faço uma pesquisa no Google e chego ao seu site. Veremos essa visita como sendo oriunda do Google, e não do anúncio impresso. A solução é pedir à audiência que use uma URL específica para o anúncio (o que muitos simplesmente não irão fazer), ou, quando estiverem completando o pilar, pedir para dizerem que vieram do anúncio – e, então, rastrear esse processo como um objetivo on-line diferente e, portanto, um pilar diferente. Não é tão simples de configurar e talvez você precise da participação de um desenvolvedor na elaboração de formulários customizados, o que talvez dê mais precisão aos seus dados.

Outro fator a compreender é que, de todas as pessoas que, depois de uma experiência off-line, responderam que tinham "intenção objetiva", quantas efetivamente foram adiante e executaram esse objetivo. Essa pergunta pode ser feita ao mesmo tempo em que indagamos sobre a conclusão de nosso pilar on-line. Novamente, precisamos de uma amostra do tamanho adequado para confiar nos resultados (ver o box "tamanhos de amostra" para mais detalhes).

Indicadores off-line

Para experiências on-line, temos inúmeros indicadores, que, normalmente, podem formar camadas em termos de como se influenciam mutuamente. Por exemplo, poderíamos adotar curtidas no Facebook como um indicador; depois, curtidas engajadas; e, finalmente, tráfego oriundo do Facebook. Entretanto, no caso de experiências off-line, podemos ter apenas um indicador, que, geralmente, estará relacionado com o volume. Por exemplo, com um anúncio impresso, podemos usar apenas o número de pessoas que, supomos, verão o anúncio, com base em uma estimativa da publicação (ou algo parecido no caso de comerciais de TV). Com eventos e ocorrências como telefonemas para atendimento ao cliente, talvez seja possível agregar mais níveis de indicadores. Por exemplo, registro e participação em evento. Mais uma vez, exemplos dessas situações podem ser encontradas na versão em planilha do *dashboard* de *digital branding*, que pode ser baixado em nosso site.

Uma palavra sobre contribuição

A contribuição percentual mostrada na Fig. 15.1 e na planilha do *dashboard*, em nosso site, deve ser compreendida com clareza. Em situações on-line, ela mostra a contribuição de cada fonte de tráfego para um determinado pilar. Em situações off-line, ela mostra a contribuição para a intenção de compra. Não é uma comparação *like-for-like*, e as porcentagens de off-line/on-line não devem ser comparadas. O objetivo do *dashboard* é possibilitar o ajuste de diferentes elementos do nosso marketing para tentar melhorar os resultados.

Se eu quiser compreender a contribuição total de on-line e off-line juntos, e fazer uma comparação *like-for-like*, precisamos fazer algumas perguntas diferentes, como mostraremos no próximo capítulo.

Vendo tudo em ação

O Quadro 15.1 mostra a versão em planilha do *dashboard* em ação, com algumas experiências on-line e off-line. A planilha inclui dicas para cada venda, explicando o que está indicando e onde estão as oportunidades para melhorias.

QUADRO 15.1: Versão em planilha do *dashboard* de *digital branding*

Objetivo	Serviço de Venda						
Correlação de lacunas	38%					22%	9%
Pilar/intenção	Formulário de geração de lead					Intenção	Intenção
Contribuição %	58%	30%	25%	19%		38%	11%
Fonte	**Pesquisa orgânica**	**Pesquisa paga**	**Facebook**	**Twitter**		**Evento**	**Anúncio impresso**
Medida 1	Tráfego de busca	Tráfego PPC	Tráfego do Facebook	Tráfego do Twitter		Participantes	Audiência prevista
Valor 1	8000	652	560	260		197	2500
Medida 2	*Ranking* dos Top 50	CTR	Curtidas engajadas	Seguidores engajados		Registros	
Valor 2	122	3,20%	1.040	768		280	
Medida 3	Autoridade do site	Impressões	Curtidas	Seguidores		Consultas	
Valor 3	65%	20.375	13.927	7.940		340	

DASHBOARD E PADRÕES DE MENSURAÇÃO

Não se esqueça de que produzimos um *framework* de *dashboard* que pode ser baixado na íntegra e ajustado às suas próprias necessidades, para ajudar a rastrear e a melhorar as suas iniciativas de *digital branding*. Ele inclui ajuda no rastreamento de lacunas no *framework* de mensuração e no cálculo do tamanho da amostra adequada, indispensável para a confiabilidade da sua correlação de lacunas: **http://www.targetinternet.com/digitalbranding**.

CAPÍTULO 16

A IMPORTÂNCIA DE FAZER PERGUNTAS

Até agora, focamos em compreender e analisar nosso *digital branding*, construindo um *dashboard* factível. Para fechar lacunas em nossos dados, tratamos de compor uma amostra de dados e de manter as coisas tão simples quanto possível. Embora essa seja uma abordagem muito prática, precisamos garantir que seja precisa e que reflita o impacto efetivo que o nosso *digital branding* está exercendo sobre os nossos objetivos de negócio.

O passo final para verificar esse aspecto é questionar as pessoas que já completaram nossos objetivos de negócio e compreendem as diferentes experiências que moldaram as suas percepções a nosso respeito, que influenciaram os seus comportamentos e as levaram a concluir os nossos objetivos de negócio.

Confirmando, não prevendo

A Fig. 16.1 mostra como podemos trabalhar na direção oposta à de quando usamos um *dashboard*: em vez de prever qual será o resultado, começamos com o resultado e vemos como as experiências on-line/off-line o impactaram.

FIGURA 16.1: As contribuições de cada canal em um *dashboard*

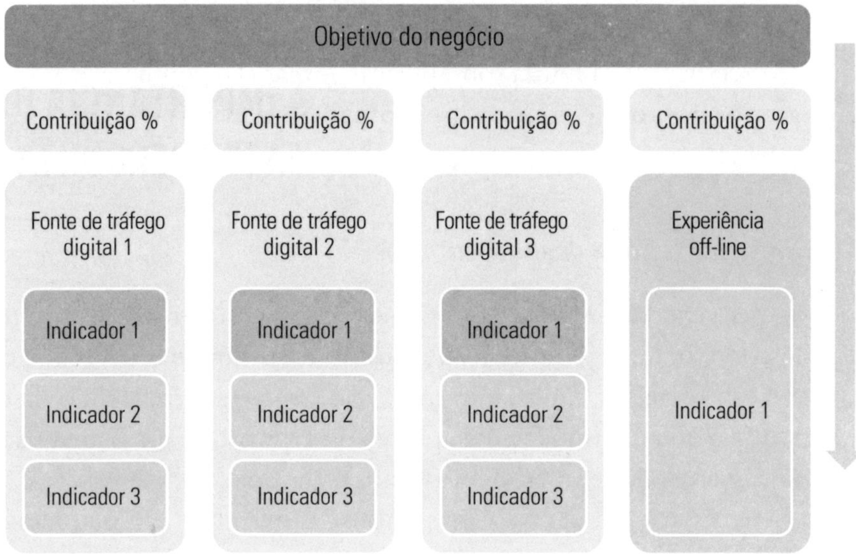

Isso nos permite confirmar o impacto de cada uma de nossas atividades de marketing sobre a consecução de nosso objetivo de negócio, o que é possível fazendo apenas algumas perguntas. Essas indagações não são opinativas, mas, simplesmente, uma lista de caixas a serem assinaladas, indagando quais foram as experiências das pessoas antes de completarem o passo final. Então, depois de várias repetições, começamos a compreender como cada uma dessas experiências são importantes.

A soma de experiências

Para fazer as perguntas certas, é preciso uma lista exaustiva dos possíveis pontos de contato e experiências do cliente. Isso pode incluir atividades de marketing on-line e off-line. Depois de perguntar qual experiência aconteceu antes da conclusão do objetivo final, posso verificar qual a porcentagem das jornadas que terminaram com a conclusão de um objetivo de negócio envolveu essa experiência. É muito parecido com as porcentagens que usamos ao olhar para os funis multicanal no Google Analytics.

A soma das porcentagens normalmente totalizará mais de 100%, pois haverá muita sobreposição – mas elas começarão a destacar os pontos de contato que compõem a maioria dos alcances de objetivos.

Checando o meu *dashboard*

Ao executar esse exercício e ao verificar o quanto cada ponto de contato participou da realização do meu objetivo de negócio, posso retornar e checar que meu *dashboard* está indicando. Isso significa que quaisquer pressupostos ou equívocos que ocorreram no *dashboard* podem ser identificados e eliminados. Para isso, talvez seja necessário mudar os pilares que estou monitorando ou reconsiderar a minha correlação de lacunas.

Essa abordagem interativa significa que não só estamos otimizando o nosso *digital branding* por meio de *dashboards*, mas também que estamos refinando os *dashboards* e os realimentando com os resultados efetivos do negócio.

Ninguém disse que seria fácil

A amostragem de dados durante o processo de *dashboard* e a amostragem dos resultados, para refinar esse processo, podem parecer complexas. Contudo, é algo muito simples, mas precisa ser incluído na sua rotina diária de negócios, para minimizar o esforço necessário para a coleta de dados. O seu *call center*, atendimento ao cliente e time de eventos devem receber treinamento e familiarizar-se com a coleta dos dados apropriados, como parte de suas funções. Os seus anúncios off-line devem ser orientados para promover algum tipo de mecanismo de feedback.

DASHBOARD E PADRÕES DE LEVANTAMENTO

Não se esqueça de que produzimos um *framework* de *dashboard* que pode ser baixado na íntegra e ajustado às suas próprias necessidades, para rastrear e melhorar as suas iniciativas de *digital branding*, com campos especiais para o uso de levantamentos que ajudem a avaliar a atividade. Incluímos um espaço para a checagem dupla de suas hipóteses.

Acesse: **http://www.targetinternet.com/digitalbranding**.

CONCLUSÕES

Vimos o *digital branding* como a soma de todas as nossas experiências com a marca e tentamos montar um processo que nos permite mensurar com muito mais clareza o impacto de cada uma dessas experiências. Embora não haja processo perfeito para descobrir o que motiva os seres humanos a agir como agem, podemos chegar muito mais perto da compreensão de como cada parte do *digital branding* está contribuindo para o todo.

Durante muito tempo, as agências de publicidade e as próprias marcas implementaram um tipo de marketing que tem muito pouca correlação com os objetivos de negócio e com a forma como impactam os resultados financeiros, no longo e no curto prazo. Não estou argumentando contra campanhas inovadoras e criativas, que talvez nem sempre sejam eficazes. Na verdade, estimulo que você, deliberadamente, assuma alguns riscos e tente coisas novas. No entanto, sugiro-lhe fazer isso dentro de um *framework* de mensuração, de modo a ver com clareza o que está e o que não está funcionando, e a identificar onde fazer ajustes.

Melhorar o *branding* e melhorar o processo

Além de ter uma visão clara do motivo de estarmos executando determinada atividade de marketing, dentro de um *framework* de mensuração que permita ver suas contribuições para os nossos objetivos, também precisamos ser abertos à melhoria do processo. Quero dizer com isso que não existe solução, *framework* de mensuração ou *dashboard* que seja compatível com todas as situações. Portanto, devemos implementar as metodologias apresentadas neste livro, mas também estarmos sempre dispostos a ajustá-las e melhorá-las, à medida que aprendemos com o processo.

Este livro foi todo sobre *big data*

Big data não é um termo com o qual eu esteja bem familiarizado, mas, basicamente, consiste em lidar com enormes quantidades de informação, tentando interpretá-las e delas extrair conclusões sensatas. Isso é, fundamentalmente, o próprio substrato do marketing digital: agregar muitas informações e compreender como o encaixe de cada pequena peça compõe o todo.

À medida que melhora a integração das tecnologias, esse processo tende a tornar-se muito mais fácil. Um dos principais desafios que enfrentamos é o de integrar nossas fontes de informação, desenvolvendo uma visão única do cliente e fazendo análises mais inteligentes desse conjunto. O que estamos tentando fazer com o processo delineado na seção de mensuração deste livro é preencher as lacunas ainda existentes em nossos sistemas e tecnologias.

A soma de todas as experiências

Retornemos ao conceito de *digital branding* como a soma de todas as experiências que temos de algo – e o impacto daí resultante. Precisamos compreender que, ao mensurar com mais exatidão como cada uma dessas experiências se aglutinam para alcançar nossos resultados almejados, estamos basicamente enxergando com muito mais clareza o que fazemos e o contexto em que trabalhamos.

O *digital branding* consiste basicamente em tomar decisões mais inteligentes e mais fundamentadas em fatos do que calcadas em suposições.

ÍNDICE

Nota: O índice está organizado em ordem alfabética, palavra por palavra. Os acrônimos são inseridos como são escritos. Os números de páginas em *itálico* indicam figura, tabela ou quadro.

A

R

S

T

U

LEIA TAMBÉM

A BÍBLIA DA CONSULTORIA
Alan Weiss, PhD
TRADUÇÃO *Afonso Celso da Cunha Serra*

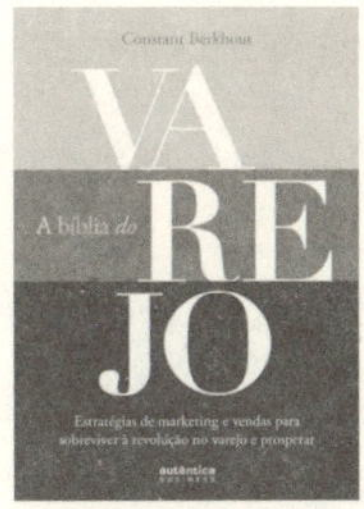

A BÍBLIA DO VAREJO
Constant Berkhout
TRADUÇÃO *Afonso Celso da Cunha Serra*

ABM ACCOUNT-BASED MARKETING
Bev Burgess, Dave Munn
TRADUÇÃO *Afonso Celso da Cunha Serra*

BOX RECEITA PREVISÍVEL (LIVRO 2ª EDIÇÃO + WORKBOOK)
Aaron Ross, Marylou Tyler, Marcelo Amaral de Moraes
TRADUÇÃO *Marcelo Amaral de Moraes*

CONFLITO DE GERAÇÕES
Valerie M. Grubb
TRADUÇÃO *Afonso Celso da Cunha Serra*

CUSTOMER SUCCESS
Dan Steinman, Lincoln Murphy, Nick Mehta
TRADUÇÃO *Afonso Celso da Cunha Serra*

DIGITAL BRANDING
Daniel Rowles
TRADUÇÃO *Afonso Celso da Cunha Serra*

DOMINANDO AS TECNOLOGIAS DISRUPTIVAS
Paul Armstrong
TRADUÇÃO *Afonso Celso da Cunha Serra*

ECONOMIA CIRCULAR
Catherine Weetman
TRADUÇÃO Afonso Celso da Cunha Serra

INGRESOS PREDECIBLES
Aaron Ross & Marylou Tyler
TRADUÇÃO Julieta Sueldo Boedo

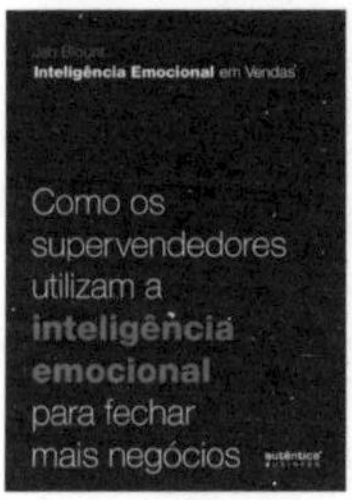

INTELIGÊNCIA EMOCIONAL EM VENDAS
Jeb Blount
TRADUÇÃO Afonso Celso da Cunha Serra

IOT – INTERNET DAS COISAS
Bruce Sinclair
TRADUÇÃO Afonso Celso da Cunha Serra

KAM – KEY ACCOUNT MANAGEMENT
Malcolm McDonald, Beth Rogers
TRADUÇÃO Afonso Celso da Cunha Serra

MARKETING EXPERIENCIAL
Shirra Smilansky
TRADUÇÃO Maíra Meyer Bregalda

MITOS DA GESTÃO
Stefan Stern, Cary Cooper
TRADUÇÃO Afonso Celso da Cunha Serra

MITOS DA LIDERANÇA
Jo Owen
TRADUÇÃO Afonso Celso da Cunha Serra

MITOS DO AMBIENTE DE TRABALHO
Adrian Furnham, Ian MacRae
TRADUÇÃO Afonso Celso da Cunha Serra

NEUROMARKETING
Darren Bridger
TRADUÇÃO Afonso Celso da Cunha Serra

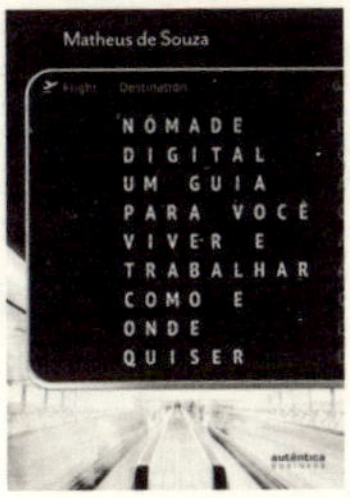

NÔMADE DIGITAL
Matheus de Souza

PETER DRUCKER: MELHORES PRÁTICAS
William A. Cohen, PhD
TRADUÇÃO Afonso Celso da Cunha Serra, Celina Pedrina Siqueira Amaral

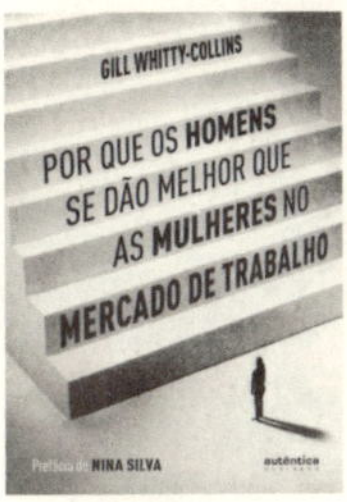

POR QUE OS HOMENS SE DÃO MELHOR QUE AS MULHERES NO MERCADO DE TRABALHO
Gill Whitty-Collins
TRADUÇÃO Maíra Meyer Bregalda

RECEITA PREVISÍVEL
2ª EDIÇÃO
Aaron Ross & Marylou Tyler
TRADUÇÃO Celina Pedrina Siqueira Amaral

VIDEO MARKETING
Jon Mowat
TRADUÇÃO Afonso Celso da Cunha Serra

TRANSFORMAÇÃO DIGITAL
David L. Rogers
TRADUÇÃO Afonso Celso da Cunha Serra

WORKBOOK RECEITA PREVISÍVEL
Aaron Ross, Marcelo Amaral de Moraes

Este livro foi composto com tipografia Bembo e impresso
em papel Off-White 90 g/m² na Formato Artes Gráficas.